中国竞技体育后备人才培养模式创新研究

郑宇 著

人民体育出版社

图书在版编目（CIP）数据

中国竞技体育后备人才培养模式创新研究 / 郑宇著. --北京：人民体育出版社，2021
ISBN 978-7-5009-6062-1

Ⅰ.①中… Ⅱ.①郑… Ⅲ.①竞技体育-人才培养-培养模式-研究-中国 Ⅳ.①G812

中国版本图书馆CIP数据核字（2021）第139143号

*

人民体育出版社出版发行
北京中献拓方科技发展有限公司印刷
新 华 书 店 经 销

*

710×1000 16开本 8.25印张 132千字
2021年7月第1版 2021年7月第1次印刷

*

ISBN 978-7-5009-6062-1
定价：79.00元

社址：北京市东城区体育馆路8号（天坛公园东门）
电话：67151482（发行部） 邮编：100061
传真：67151483 邮购：67118491
网址：www.sportspublish.cn

（购买本社图书，如遇有缺损页可与邮购部联系）

前　言

体育强则中国强，国运兴则体育兴。党的十八大以来，以习近平同志为核心的党中央高度关心和重视体育事业，始终从中华民族伟大复兴和人民群众的美好生活向往的高度引领体育事业健康有序地发展。2017年10月，党的十九大报告提出"加快推进体育强国建设"。2019年8月，国务院办公厅印发《体育强国建设纲要》，将体育强国建设全面融入我国经济社会发展总体格局，明确了体育强国建设的三个阶段的总目标和五大战略任务，要求"通过完善举国体制与市场机制相结合的竞技体育发展模式，构建科学合理的训练体系"。2020年9月，习近平总书记在教育文化卫生体育领域专家代表座谈会上进一步指出要"加快体育强国建设"，"体育是提高人民健康水平的重要途径，是满足人民群众对美好生活向往、促进人的全面发展的重要手段，是促进经济社会发展的重要动力，是展示国家文化软实力的重要平台"，并提出"要创新竞技体育人才培养、选拔、激励保障机制和国家队管理体制"。2021年3月，《中华人民共和国国民经济和社会发展第十四个五年规划和2035年远景目标纲要》中明确提出了到2035年将我国建成"体育强国"。

从"体育大国"到"体育强国"，是新时代赋予中国体育事业的新定位和新使命。本研究以竞技体育后备人才培养模式变革为目标，以足球后备人才培养为实证对象，在历史演进和国际经验比较的基础上，构建了新时期竞技体育后备人才培养的使命目标、基本模式和行动策略，最后对后备人才的路径选择提出了建议。以建设体育强国作为研究背景，结合健康中国发展战略，扩展了以往就体育论体育的狭隘研究视角，基于系统论等理论探讨了政府等多元主体在后备人才培养改革中的定位分工，为竞技体育后备人才培养改革、丰富体育强国建设理论提供一定的理论借鉴和行动参考。

强调在充分尊重传统模式、认真分析国外经验的前提下，跳出竞技体育来分析和解决竞技体育后备人才问题。第一，在中国经济发展的新时期里，鉴于国际体育赛场上各国间的竞争较量依然存在，体育仍然是不同国家和民族间交流、竞争的方式。第二，中国传统竞技体育后备人才培养体系在特定历史时期做出了巨大的贡献，但因制度惯性和管理方式变革迟缓等原因在今天仍有争议，其改革属于一种"倒逼"行为。第三，在竞技体育后备人才培养改革的过程中，政府应继续发挥引领作用，承担顶层设计的职能，但在干预方式和措施上需要创新。第四，新时期竞技体育后备人才的培养要立足于全民健康的大格局，要明确利益归属，调整体育系统与教育系统、政府组织与体育社会组织和企业的利益关系，确保"普及"与"提高"同步进行而又不出现脱节。围绕上述观点对竞技体育后备人才培养模式创新的各个环节进行了全方位的研究，并将此观点贯穿整个研究之中。

中国竞技体育后备人才培养模式的演化现状。从历史分期的角度，将中国竞技体育后备人才培养过程分为4个发展阶段，对其产生、发展、困境、机遇等方面进行系统分析，总结凝练出竞技体育后备人才专业化、职业化和院校化的3种培养路径，以及运动技术学校、竞技体校等6种可供选择的培养模式。

国外竞技体育后备人才培养的经验启示。选取美国、澳大利亚、法国、俄罗斯、日本5个国家作为分析对象，分析梳理了国外竞技体育强国在竞技体育后备人才培养方面的制度特点和经验做法。认为在原来重视市场机制基础作用的前提下，国外竞技体育强国越来越重视国家行为对青少年体育后备人才培养的保障作用，在管理方式上政府加社会的结合型管理发展趋势愈加明显，对中国竞技体育后备人才培养改革具有一定借鉴作用。

中国竞技体育后备人才培养的核心任务。在对国内外竞技体育后备人才培养已有经验进行比较分析的基础上，围绕现阶段中国竞技体育后备人才培养面对的机遇挑战，提出了社会化是当前中国竞技体育后备人才培养的核心任务，对社会化的特征和内容进行了阐述。同时从青少年运动员个体、教育与后备人才、培养体系、社会公平4个方面解析了社会化的价值作用。

中国足球竞技体育后备人才的实证分析。结合当前中国体育改革的重大现实需要，选取足球后备人才培养作为实证分析对象，提出了新型足球学校解决足球后备人才培养的对策建议，界定了当前新型足球学校的3种主要类型及其定位和作用。在此基础上结合培养效率和作用范围等关键因素，强调了依托教育部门的各类青少年校园足球特色学校的主体地位和价值，提出了新型足球学校发展的相关对策建议。

主要对策与建议。在竞技体育后备人才培养的使命与目标方面，要以国家中心体育工作为依据，以全体青少年为服务对象，以培养后备人才、增强青少年体质、普及体育运动、促进全民健康水平为使命，着眼于青少年运动员在运动技能和生存技能方面的双重需要，建立"培养健康的、体育与教育全面发展"的培养模式。在竞技体育后备人才培养的模式构建方面，提出了体教结合模式、企业主导模式和多元化模式3种主要模式，同时分析了不同模式的适用范围和对象。在竞技体育后备人才培养的行动策略方面，提出了对已有的成功经验进行总结并借鉴、主动融入国家其他重大发展战略、注意发挥青少年体育重大项目的导向作用等。在竞技体育后备人才培养的路径选择方面，主要包括树立以人为本全面发展的新理念、后备人才培养全面回归教育、投资主体多元化、转变政府干预方式等措施。

目 录

1 导论 …………………………………………………… （1）

  1.1 问题提出与选题依据 ………………………………… （1）

    1.1.1 问题提出 ……………………………………… （1）

    1.1.2 选题依据 ……………………………………… （3）

  1.2 核心概念与研究对象 ………………………………… （4）

    1.2.1 体育强国 ……………………………………… （4）

    1.2.2 竞技体育后备人才 …………………………… （6）

  1.3 研究进展与评析 ……………………………………… （8）

    1.3.1 研究进展 ……………………………………… （8）

    1.3.2 简要评析 ……………………………………… （23）

  1.4 研究思路与研究方法 ………………………………… （27）

    1.4.1 研究思路 ……………………………………… （27）

    1.4.2 研究方法 ……………………………………… （29）

  1.5 研究内容与创新 ……………………………………… （30）

    1.5.1 研究内容 ……………………………………… （30）

    1.5.2 基本观点 ……………………………………… （32）

    1.5.3 研究创新 ……………………………………… （32）

2 中国竞技体育后备人才培养模式的演化与现状 ……（34）

2.1 演进历程 ……（34）

2.1.1 起步探索阶段：构建培养体系的萌芽（1949—1977）…………（34）

2.1.2 调整巩固阶段：竞技体育优先发展战略的确立（1978—1992）……（37）

2.1.3 持续改革阶段：两个战略协调发展和社会化改革的转变（1993—2011）……（39）

2.1.4 深化发展阶段：体育发展进入新的"快车道"（2012至今）……（41）

2.2 培养路径 ……（43）

2.2.1 专业化培养路径 ……（43）

2.2.2 职业化培养路径 ……（44）

2.2.3 院校化培养路径 ……（45）

2.3 培养主体 ……（46）

2.3.1 体工队 ……（46）

2.3.2 运动技术学院 ……（46）

2.3.3 竞技体校 ……（47）

2.3.4 高校高水平运动队 ……（48）

2.3.5 职业俱乐部 ……（49）

2.3.6 家庭培养 ……（49）

2.4 发展障碍 ……（50）

2.4.1 经济社会发展带来的挑战 ……（50）

2.4.2 传统业余体校办学日趋艰难 ……（50）

2.4.3 经费来源渠道单一、投入严重不足 ……（51）

2.4.4　缺少高水平科学训练 …………………………………（51）

　　2.4.5　人才无序流动问题较为严重 …………………………（51）

3　国外竞技体育后备人才培养的借鉴与启示 …………………（53）

3.1　美国 ………………………………………………………（53）

　　3.1.1　主要形式 ………………………………………………（53）

　　3.1.2　主要经验 ………………………………………………（54）

3.2　澳大利亚 …………………………………………………（56）

　　3.2.1　主要形式 ………………………………………………（56）

　　3.2.2　主要经验 ………………………………………………（57）

3.3　法国 ………………………………………………………（58）

　　3.3.1　主要形式 ………………………………………………（58）

　　3.3.2　主要经验 ………………………………………………（59）

3.4　俄罗斯 ……………………………………………………（60）

　　3.4.1　主要形式 ………………………………………………（60）

　　3.4.2　主要经验 ………………………………………………（60）

3.5　日本 ………………………………………………………（62）

　　3.5.1　主要形式 ………………………………………………（62）

　　3.5.2　主要经验 ………………………………………………（63）

3.6　发展趋势与启示 …………………………………………（64）

　　3.6.1　发展趋势 ………………………………………………（64）

　　3.6.2　启示 ……………………………………………………（65）

4　中国竞技体育后备人才培养的核心任务和价值解析 …………（66）

4.1　社会化是竞技体育后备人才培养的核心任务 …………（66）

4.1.1　竞技体育后备人才培养社会化的含义 ………………（66）
　　4.1.2　竞技体育后备人才培养社会化的特征 ………………（67）
　　4.1.3　竞技体育后备人才培养社会化的内容 ………………（70）
4.2　竞技体育后备人才培养社会化的价值解析 ………………（74）
　　4.2.1　人性价值：对青少年运动员个体的价值 ……………（75）
　　4.2.2　民主价值：教育根源对培养主体的价值 ……………（76）
　　4.2.3　效益价值：对培养体系的价值 ………………………（77）
　　4.2.4　公平价值：对社会公民的价值 ………………………（78）
4.3　竞技体育后备人才培养社会化的动因分析 ………………（79）
　　4.3.1　国家和社会重大现实需求是社会化的逻辑起点 ……（79）
　　4.3.2　社会经济变革是推动社会化的根本驱动力 …………（80）
　　4.3.3　深化改革与治理创新是社会化的遵循原则 …………（80）

5　中国竞技体育后备人才培养的实证研究 ………………（82）

5.1　中国新型足球学校可持续发展的实证研究 ………………（82）
　　5.1.1　概述 ……………………………………………………（82）
　　5.1.2　发展历程回顾 …………………………………………（83）
　　5.1.3　人才培养特征分析 ……………………………………（85）
　　5.1.4　新型足球学校的内涵辨析 ……………………………（87）
　　5.1.5　新型足球学校的分类与现状 …………………………（88）
　　5.1.6　新型足球学校的发展对策 ……………………………（92）
5.2　东西部地区竞技体育后备人才培养的比较研究 …………（94）
　　5.2.1　东部地区竞技体育后备人才培养现状 ………………（94）
　　5.2.2　西部地区竞技体育后备人才培养现状 ………………（97）
　　5.2.3　地区间不均衡发展的思考 ……………………………（101）

6 社会化：中国竞技体育后备人才培养模式的新选择 （103）

6.1 中国竞技体育后备人才培养社会化的时代要求 （103）
6.1.1 "健康中国"带来的国家战略机遇叠加利好 （103）
6.1.2 经济新常态下体育产业的融合发展 （103）
6.1.3 全面深化改革，加快体育治理方式转型 （104）

6.2 中国竞技体育后备人才培养社会化的目标定位和模式构建 （105）
6.2.1 目标定位 （105）
6.2.2 模式构建 （106）

6.3 中国竞技体育后备人才培养社会化的路径选择 （108）
6.3.1 愿景与使命 （108）
6.3.2 需求与供给 （109）
6.3.3 行动策略 （110）
6.3.4 路径选择 （111）

参考文献 （114）

1 导论

1.1 问题提出与选题依据

1.1.1 问题提出

改革开放以来，在中国现代化建设和经济政治体制改革实践的激发下，中国的竞技体育取得了举世瞩目的成就。从1984年洛杉矶奥运会实现金牌"零的突破"到2008年北京奥运会荣获金牌第一名，中国竞技体育达到了中华人民共和国成立以来的顶峰，成为世界体坛中举足轻重的力量，"逐步形成了以奥运会为最高层次的竞技体育发展战略，形成了有中国特色的竞技体育举国体制"[1]。政府体育行政部门充分利用自身的制度优势，在全国范围内统筹整合各种体育资源要素，以竞技体育为核心的"举国体制"成为中国体育军团驰骋国际体育赛场的"攻坚利器"。但与此同时，诸如竞技体育后备人才萎缩、退役运动员安置不畅等问题日渐凸显，针对竞技体育发展方式的诘问不断增多，"单纯地靠加大人力、财力与物力投入获得竞技体育快速发展的做法已经不能适应现阶段国家与民众的需求"[2]，这已成为当前中国竞技体育改革发展中相当具有代表性的焦点议题。后备人才培养体系建设及其方式创新被视为中国竞技体育实现可持续发展的关键所在和现实需要[3]。需要注意的是，在国际体育赛场上，国与国之间的较量依然存在，体育仍然是世界上各个民族之间交流、竞争的方式和手段。有鉴于此，在中国体育事业历经了近70年的发展和积淀之后，面对全球体

---

[1] 刘鹏. 从"东亚病夫"到体育大国——新中国体育60年[J]. 求是，2009（16）：25-27.
[2] 季浏. 中国体育发展方式改革的原因探析与政策建议[J]. 成都体育学院学报，2013，1（39）：1-7.
[3] 钟秉枢，等. 社会转型期我国竞技体育后备人才培养及其可持续发展[M]. 北京：北京体育大学出版社，2003：49.

育发展的新格局和竞争态势,需要不断改革和完善竞技体育发展链条上的各个环节,特别是要通过建立强大、成熟、科学的竞技体育后备人才体系,来推动中国体育事业的可持续发展。

在中国,竞技体育是整个体育事业中最为重要的组成部分,竞技体育后备人才培养作为中国竞技体育的"塔基",有着自身业已形成的培养体系,这就赋予了竞技体育后备人才模式创新多样化的内涵。从本质上来看,当今中国体育外部环境的变化激烈而又迅猛,体育本应该及时随之调整自身的发展目标、发展模式,从而适应这一巨大的变迁过程。但由于传统体育体制的强大惯性作用和自身改革的严重滞后,导致两者在一定程度上出现了脱节,这成为导致竞技体育后备人才培养过程中各种问题凸显、矛盾尖锐的核心原因。竞技体育后备人才培养模式创新的一个重要前提就是,"不能再沿用20多年前曾发挥过巨大作用的观念,以指导未来体育的发展"[1]。同时,"模式创新"是一个多维度的概念,既包括由"基础性作用"向"决定性作用"发展的社会主义市场经济体制转型,也包括为适应"市场决定作用"进而"更好发挥政府作用"的现代政府治理改革,还包括由"传统"到"现代"的中国社会转型。竞技体育后备人才培养在政治经济体制转型、中国社会从"传统"到"现代"、体育事业由"封闭"到"开放"的改革发展进程中,衍生了大量的问题和矛盾。具体到竞技体育后备人才培养的实际工作层面,在中国体育不断朝着"社会化"和"产业化"方向转变的过程中,出现了多元利益群体博弈下的竞技体育后备人才培养的制度性障碍,政府、社会、家庭和个人在竞技体育后备人才培养方面存在日益分化的利益诉求。从社会的角度来看,由于经济发展和观念改变,曾经是竞技体育后备人才培养主要阵地的业余体校、体育运动学校生源极度萎缩,基层训练规模锐减,运动员招生难、成才难、就业难等问题日益突出。但就政府体育行政部门而言,更习惯于"通过举国体制把竞技体育从广义的体育中剥离出来,使之成为只有少数精英可以参与的体育中的最强势部分"[2],没有及时采取更加积极有效的措施,来应对20世纪90年代中国区县级以下政府体育行政机构合并撤销对竞技体育后备人才培养产生的消极影响。由于缺乏全局性的、创

---

[1] 刘燕舞,胡小明.中国体育体制研究:历史回顾与未来展望[J].体育文化导刊,2006(5):19-22.
[2] 卢元镇.从北京到伦敦:举国体制如何向前走[J].体育学刊,2012,6(19):1-4.

新性的竞技体育后备人才培养的顶层制度设计，政府与社会、各级政府及其组成部门之间均从自身利益出发，使竞技体育后备人才在价值目标、培养方向、实现途径等方面表现出整体上的发展无序和混乱，使中国竞技体育的可持续发展面临严峻的后备人才危机，也严重阻碍了中国体育竞争力的进一步提升。

1.1.2 选题依据

从某种意义上讲，当前中国体育比以往任何时期都更渴望有一个良性循环的竞技体育后备人才培养环境，更希望有一个能够兼顾多元利益群体不同需求的竞技体育后备人才培养体系，并通过强有力的顶层制度设计，对竞技体育后备人才培养进行引导、规划和调控，以实现体育事业的全面协调和可持续发展，提高体育对中国经济社会发展的支持和贡献。与现实需求形成鲜明对比的是，中国在计划经济体制下形成的、至今仍然发挥作用的竞技体育后备人才培养的发展目标、人才渠道和培养方式等，已不能够适应当前中国经济社会发展的需要，既无法兼顾多元利益群体的不同利益诉求，又不足以支持新形势下竞技体育对后备人才培养在数量和质量上的各种要求。传统竞技体育后备人才培养的实践功能趋向不断弱化，其社会认可度也在不断下降。竞技体育后备人才培养的滞后性已经成为制约新时期中国竞技体育可持续发展的关键因素。同时，由于中国作为社会主义大国，本身就有相当的复杂性和特殊性，西方许多青少年体育的发展模式与经验在中国实践中既不能也不应该被简单"嫁接"或直接使用。因此，如何根据新时期、新要求和新情况的出现，对整个中国竞技体育后备人才培养模式进行及时调整和变革就显得尤为重要。

毋庸置疑，现代体育的竞争，归根结底是人才的竞争，世界体育强国都把体育后备人才的培养当作保持和巩固体育强国地位的重要战略措施。2017年8月27日，习近平总书记在会见全国体育先进单位和个人代表等时指出，"加快建设体育强国，就要把握体育强国梦与中国梦息息相关的定位，把体育事业融入实现'两个一百年'奋斗目标大格局中去谋划，深化体育改革，更新体育理念，推动群众体育、竞技体育、体育产业协调发展"[1]，在建设体育强国过程

---

[1] 习近平.在会见全国体育先进单位和个人代表等时的讲话[N].人民日报，2017-08-28.

中，竞技体育后备人才培养的质量与效益不但关系着竞技体育的兴衰，也与中国体育事业的整体发展息息相关。结合新的历史任务以及社会转型过程中人民群众体育需求不断变化的客观现实，这就要求在竞技体育后备人才培养的发展过程中，不仅要继续发挥政府的引领作用，更加需要充分吸纳各种非政府力量进行深度参与，积极进行相关体制、机制和模式创新等实践探索。

为此，本研究借鉴并引入了在社会科学研究中作为重要范畴并被广泛使用的"模式"概念，以系统论、社会学理论、可持续发展理论、利益演化理论等为理论支撑，确立了关于"中国特色竞技体育后备人才培养模式创新"的研究主题，从社会、经济、体育、教育和文化等多维视角出发，探寻建设体育强国背景下的中国竞技体育后备人才培养的变革之路。

1.2 核心概念与研究对象

1.2.1 体育强国

近年来，体育学界对"体育强国"的讨论异常频繁与激烈，关于什么是"体育强国"的阐释和观点层出不穷，令人目不暇接。严格来讲，"体育强国"的提法并不是一个新鲜事物，早在20世纪80年代初期，"体育强国"就被确立为中国体育发展的战略目标之一。在1980年的全国体育工作会议中，提出了"把我国建设成世界上体育最发达国家之一""为使我国进入世界体育强国行列而奋斗"的目标，有学者将其形容为关于"体育强国"提法的首次"非正式出现"[①]。1983年2月23日召开的全国体育工作会议上，第一次将"拥有一支又红又专的体育队伍，成为世界体育强国"作为20世纪中国体育事业的奋斗目标提出来。这里需要注意的是，当时"提出'体育强国'的思想是根据中央、周总理、贺龙同志他们的指导思想形成的，就是要逐步把我国建成'体育强国'"[②]。在前面工作的基础上，1984年10月5日，中共中央下发了《关于

[①] 易剑东. 历程·动因·理念：建设体育强国的思考（中国科协新观点新学说学术沙龙观点摘编）[J]. 体育文化导刊, 2009（8）：1-13.

[②] 古柏. 共和国第三任国家体委主任李梦华访谈录[J]. 体育文化导刊, 1999（6）：14-16.

进一步发展体育运动的通知》，以中央文件的形式正式提出了"现在，国家政治局面安定，经济状况好转，人民群众对发展体育运动有着强烈的要求，具备了把体育运动更快地搞上去的条件。要充分利用这个条件，在本世纪内把我国建设成体育强国，以增强全民族的体质，强国强民。"[1]针对20世纪80年代关于"体育强国"的研究来看，"体育强国"首先是体育事业发展的一个长期目标，而且是"一个不断发展和变化的动态概念"[2]。体育发展战略研究委员会在《2000年中国的体育》研究报告中，将"人民体质、学校体育、社会体育、竞技体育、体育人才、体育科学技术、体育场地设施、体育精神产品"共8项指标作为"体育强国"的主要内容。客观地来看，虽然受到当时具体历史条件的制约，竞技体育仍然一支独大，当仁不让地成为里面最主要的关键指标，当时这种关于"体育强国"内涵的解读时至今日仍然具有重要参考价值，里面关于人民体质、社会体育的提法，是中国体育事业发展核心任务的真实反映。

2008年北京奥运会的盛大举办，不但为全世界奉献了一场无与伦比的奥运盛宴，也标志着中国体育站到了一个新的历史起点上（表1-1）。在2008年9月29日北京奥运会、残奥会总结表彰大会上，胡锦涛对体育工作进行了全面深刻的阐述，鲜明地提出了要"进一步推动我国由体育大国向体育强国迈进"的号召，将"继续发展群众体育事业、继续提高体育运动技术水平、继续推进体育改革创新"[3]作为三项重要内容，成为新时期体育事业发展的前进方向。在此背景下，"体育强国"再次成为舆论关注的焦点，与20世纪80年代及其后针对"竞技体育强国"所进行理论研究和实践探索不同，新的语境下"体育强国"被赋予了更多的时代内容。其中一个显著的变化就是不再局限于体育自身来看待这个问题，而是将体育视为中国整体强国战略的重要组成部分，是"党中央、国务院站在实现中华民族伟大复兴的战略高度作出的战略部署"[4]，"为健康中国奠基、为和谐中国助力、为经济发展增利、为和平崛起代言、为中华民

---

[1] 中共中央关于进一步发展体育运动的通知［EB/OL］. http://www.olympic.cn/rule_code/code/2004/0426/26065.html, 2004-04-26.
[2] 傅砚农，等. 中国体育思想史（现代卷）［M］. 北京：首都师范大学出版社，2008：212.
[3] 胡锦涛. 在北京奥运会、残奥会总结表彰大会上的讲话［EB/OL］. http://www.gov.cn/ldhd/2008-09/29/content_1109754.htm, 2008-09-29.
[4] 梁晓龙，等. 当代中国体育概述［M］. 苏州：苏州大学出版社，2012：235.

族伟大复兴提供鲜活的精神动力"[①]是新时期对体育事业提出的新要求。同时，围绕建设"体育强国"的奋斗目标，体育事业全面发力，从压缩全运会、精简大型运动会，到以中国足球协会为龙头的协会实体化改革，体育改革创新力度之大前所未有，建设"体育强国"的各项任务目标更加清晰明确、落地更加扎实有力。

表1-1 近6届奥运会金牌榜国家名次数与金牌总数一览表

国家	金牌第一 次数/枚数	金牌第二 次数/枚数	金牌第三 次数/枚数
美国	5/210	1/36	0/0
中国	1/51	2/68	2/54
俄罗斯	0/0	2/58	2/50
英国	0/0	1/27	1/29
德国	0/0	0/0	1/20

依据上述分析，本研究认为，"体育强国"是中国体育的重大发展战略，尽管目前还很难用一套科学明晰的指标体系对其进行定量研究，但在由"大"向"强"转变的过程中，强调体育综合价值的发挥和融入各项国家战略是其显著特征。因此，在本研究中"体育强国"不仅是作为研究本身所处的时代背景和重大体育战略举措，其强调的协调发展理念更是竞技体育后备人才培养模式创新的重要价值导向，新的竞技体育后备人才培养模式应该是建立在统筹多元化利益群体的需求基础之上的，能够最大限度地调动国家社会各方资源、实现协同增效的新的人才培养体系。

1.2.2 竞技体育后备人才

竞技体育后备人才是中国体育领域中经常使用的一个词汇，在各类政府文件、学术研究和新闻报道中屡见不鲜，早在《国家体委关于1958年体育工作

[①]《体育大国向体育强国迈进的战略研究》课题组.体育强国战略研究[M].北京：人民体育出版社，2010：3-4.

的通知》中就有类似"从各方面不断发展和挑选有培养前途的青少年运动员，进行有计划的训练和培养，不断充实运动员后备力量"的描述。在现有词典等工具书中，尚未将"竞技体育后备人才"作为一个完整词条进行权威释义，但有关"竞技体育""后备"和"人才"的词条较多。比较典型的有，如关于竞技体育的定义，是指"为最大限度提高和发挥个人与集体在身体、心理及运动能力等方面的潜力，取得优异的运动成绩而进行的科学、系统的训练和竞赛"[1]。关于后备的定义，是指"为补充而准备的（人员、物资等）"[2]。关于人才的定义，是指"德才兼备的人；有某种特长的人"[3]。在中国体育发展的过程中，竞技体育后备人才有着自身的特定内容，有学者将其定义为"是指具有一定体育天赋，经过系统训练后，可能对竞技体育的发展做出贡献的青少年运动员"[4]。

从价值定位来看，竞技体育后备人才是中国竞技体育发展的基础，其主要任务是通过初级的竞技训练，提高运动技能水平，从而能够提供相当数量的青少年运动员，满足高水平优秀运动队、职业俱乐部等对竞技体育人才选拔的需要，"是我国竞技体育取得巨大成功的重要法宝之一"[5]，这既符合体育发展规律的总体判断，也是对中国竞技体育经验的科学总结，是体育学界较为一致的主流观点。从体系结构来看，竞技体育后备人才是与高水平优秀运动员相对而言的，依据三级训练体系的划分，处于最顶端的是高水平运动员，一般是指国家代表队、各省及解放军代表队等。处于中间层次和最低层次的均属于竞技体育后备人才，分别对应着以体育运动学校、青少年业余体校和体育传统项目学校等为代表的学生运动员群体。还有一种划分方法经常使用，即将整个运动员分为一、二、三线，一线运动员对应着高水平竞技体育层面，二、三线则分别对应着在体育运动学校、青少年业余体校、体育传统项目学校等学习训练的青少年运动员，这些二、三线运动员均属于竞技体育后备人才的范畴。

鉴于上述分析，本研究将竞技体育后备人才理解为"经过较为系统的学习

---

[1] 中国体育科学学会.体育科学词典[M].北京：高等教育出版社，2000：153.
[2] 中国社会科学研究院语言研究所词典编辑室.现代汉语词典[M].北京：商务印书馆，2002：525.
[3] 中国社会科学研究院语言研究所词典编辑室.现代汉语词典[M].北京：商务印书馆，2002：1061.
[4] 杨再淮.竞技体育后备人才培养[M].北京：人民体育出版社，2006：19.
[5] 郭建军.加强青少年体育工作培养优秀竞技后备人才[J].北京体育大学学报，2014，4（37）：1-9.

和训练,已经具有初级运动技能水平,在所从事的运动项目上具有更高潜力挖掘价值的青少年运动员"。这些青少年运动员既存在于体育运动学校、青少年业余体校等传统竞技体育后备人才培养主体中,又更需要广泛地存在于普通大中小学中。

1.3 研究进展与评析

1.3.1 研究进展

竞技体育后备人才培养作为竞技体育发展的重要人力资源基础,一直都是体育学界研究和关注的热点。自20世纪80年代以来,众多专家学者从不同的视角出发,对竞技体育后备人才培养展开了积极的讨论,形成了一大批有价值的理论和成果。结合所涉及的相关论题,本研究按照竞技体育后备人才的管理体制、体教结合、培养渠道及国外相关研究四个主要方面,对现有研究成果进行系统的回顾、梳理、分析与总结,并在此基础上进行简要评析。

1.3.1.1 关于管理体制的研究

针对中国竞技体育后备人才培养管理体制的研究,主要是围绕中国竞技体育管理体制进行的,而竞技体育举国体制作为中国体育管理体制的核心组成部分,受到了学者们更多的青睐和关注。杨桦等(2002,2004)对改革开放以来中国竞技体育的成功经验进行了系列研究,认为坚持党的领导和社会主义方向是根本、确立竞技体育在社会主义事业中的重要地位是保证、发挥"举国体制"优势是关键[1],其后续研究指出举国体制是后发优势战略在体育领域实施的成功典范、举国体制既是计划经济也是市场经济实现国家利益的手段、举国体制只有通过中国特色社会主义优越性才能发挥最大效力[2],同时其研究还从体育

---

[1] 杨桦. 20世纪80年代以来我国竞技体育发展的成功经验及存在的问题[J]. 成都体育学院学报,2002,1(28):1-7.

[2] 杨桦,等. 坚持和进一步完善我国竞技体育举国体制的研究[J]. 北京体育大学学报,2004,5(27):577-582.

发展战略的高度，坚持构建社会主义市场经济条件下"举国体制"的新模式，认为体育将沿着社会化、产业化、市场化的方向持续发力，从而实现21世纪中国真正成为世界一流体育强国的目标[①]。李元伟等（2003）在充分考证竞技体育"举国体制"历史价值的基础上，深入开展了如何进一步将其完善的思考，认为可持续发展、盘活存量与扩大增量相结合、集约化、"全国一盘棋"与兼顾各方利益、阶段性实施是需要遵循的基本原则，要重视处理政府与市场、体育系统与非体育系统、中央与地方、竞技体育与群众体育、近期目标与中期目标的关系，指出完善的重点在于以协会实体化为标志的组织管理体制改革、以全运会改革为龙头的竞赛体制、以专业队改造为核心的训练体制改革和以运动员权益为本的保障体制改革[②]。

卢元镇（2013）从时代变迁的视角出发，提出了中国体育运动的"二次变异论"，认为20世纪80年代以来，第一次"变异"是将体育运动整体裂变为内在关系疏远和独立的竞技体育、群众体育和学校体育三个组成部分，第二次"变异"是将竞技体育蜕变为精英竞技，尖锐地指出在两次"变异"过程中，中国竞技体育在运动员的培养途径、来源出路、奖励制度等方面未能按市场规律办事，已经演变成为与学校体育、大众体育不对称发展的金牌机器[③]。"二次变异论"形象深刻地反映了竞技体育管理体制的现状，过分依赖行政垄断而将大量优质体育资源高密度集中在顶层的制度设计，对竞技体育可持续发展的基础直接造成破坏性影响。胡小明（2010）在剖析了国际奥委会创办青少年奥运会的改革价值基础上，指出中国竞技体育制度的实质是一个以获得金牌为目标的封闭式集训模式，是围绕几千名优秀运动员形成的庞大服务体系，是偏离体育正常过程的失衡制度，发出了要建立能够为中华民族带来身心健康的新体育机制的倡议[④]。易剑东（2006）针对中国体育体制的转型问题，提出未来能够支持中国竞技体育大厦的举措建议，主要包括要高度重视运动员成绩成本核算和个人与集体的报偿、保护职业体育市场中民间投资者热情、为高校高水平

[①] 杨桦，等.改革开放以来中国体育发展战略的演进与思考[J].成都体育学院学报，2002，3（28）：1-7.
[②] 李元伟，等.关于进一步完善我国竞技体育举国体制的研究[J].中国体育科技，2003，8（39）：1-5.
[③] 卢元镇.以时代精神考量中国竞技体育体制改革[J].体育与科学，2013，1（34）：19-20.
[④] 胡小明.体育制度的改革契机——南京青奥会随想[J].体育与科学，2010，2（31）：1-5.

运动员创造充分发展空间和机遇[1]。郑宇（2014）从历史分期的视角，将中国体育体制的演进划分为3个时期，认为在体育事业外部环境发生巨大变化的情况下，体育事业的故步自封必然成为社会舆论争议的焦点，这种外部环境变化的倒逼与问责，需要在管理体制层面加速推进政府职能转变、在培养层面实现培养主体的多元化、在体育公共服务层面推行货币化购买方式，改变以往基于"政治考量"的传统体育功能，实现"敞开心胸"办体育[2]。

纵观已有文献，目前体育学界在关于中国体育体制的研究中虽然方向不尽相同，但研究结果趋向一致，即对中国体育体制的评判更多采取了"一分为二"的方法，一方面充分肯定其历史贡献与价值，另一方面均认为需要与时俱进对其进行改革创新。在较早的研究中，凌平（2001）的观点在大力倡导体育体制改革的今天仍具有相当参考意义，里面提出了改良型的国家行政管理等四种改革目标模式，认为有宏观调控的社会自我协调体制的发展模式更适合中国体育体制改革的需要[3]。诚然，在中国迈进体育强国的道路上，可供参考的外部经验和模式很多，但特别注意对以往有案可查的"休克疗法"和过于简单的"非国家化"保持足够的警惕，虽然一味地守旧和排斥变革不可取，但全盘否定式的体育体制改革也绝非良策，需要体育学界和相关行政部门认真研判，并选取最佳的体育体制改革路径。

1.3.1.2 关于体教结合的研究

在中国竞技体育后备人才培养的研究中，体教结合是最为关注的一个理论焦点，被视为中国竞技体育人才培养方式变革最有效的突破口。体教结合的产生源于中国竞技体育发展的现实需要，由于中国竞技体育的社会化程度较低，在高度集中的专业化、半专业化训练过程中，参与训练的广大青少年运动员的文化教育水平远远低于正常的同龄人群，当市场经济动摇了原来由国家完全负责运动员退役安置就业制度的基础之后，教育缺失成为制约运动员退役再就业

---

[1] 易剑东. 我国体育体制转型的四个关键问题[J]. 体育学刊, 2006, 1（13）: 8–11.
[2] 郑宇. 新时期我国体育体制改革的现实冲突与路径选择[J]. 成都体育学院学报, 2014, 8（40）: 24–28.
[3] 凌平. 模式的变革与变革的模式[J]. 体育学刊, 2001（1）: 1–4.

过程中不可逾越的障碍，成为必须加以正视和解决的关键性问题。贺新奇等（2010）认为，正是由于体教完全分离或者在某种程度上分离的状况才催生了体教结合，而解决文化学习与运动训练的矛盾、实现青少年运动员的全面发展正是体教结合的目的所在[①]。陈林会等（2012）则将体教结合视为世界体育发展的趋势，认为其重要意义不仅在于解决运动员的文化教育缺失问题，其实质关系到中国训练体制的进一步优化和可持续发展等根本性问题，体教结合十分有利于改变传统的由国家来包办竞技体育的制度模式[②]。

如上述研究所言，促使体教结合成为现实的很大一部分原因是基于对解决运动员文化教育缺失的考虑，但从1987年下发《关于普通高校试行招收高水平运动员工作的通知》，确立了51所试点学校在全国范围内招收高水平运动员开始，体教结合的初衷并未得到有效的体现和落实，其实践也不是一帆风顺的，甚至在走弯路的同时还对竞技体育后备人才培养起到了一定的"副作用"。胡小明（2011）认为，由于长期缺少科学合理的运作机制，本应该作为竞技体育后备人才培养重要举措的体教结合，实质上蜕变为"消化"退役运动员的阶段性临时办法，本应在青训中扮演重要角色的高等院校，在各种因素的作用下，成为体工队退役运动员接受"文化镀金"的不二选择，这样反而扰乱了教育系统中连贯培养的正常规律，并进一步指出体教结合之所以陷入发展困境，其症结在于体育、教育均已在计划经济时期形成各自封闭体系，两者之间缺少有效的衔接措施，最后提出应确立"分享运动"发展理念，强调应把竞技体育后备人才培养纳入到国家发展体育事业和教育事业的公共服务体系的共同组成部分中去[③]。

针对体教结合的现实困境与结合不充分的情况，潘前等（2006）在参考美国体育发展经验的基础上，认为在中国政府结构中，由于体育和教育行政部门同时各成体系地培养同一种人才，这种做法不但不能使两个部门在同一时间都

[①] 贺新奇，等. 推行体教结合策略与完善举国体制的关系[J]. 西安体育学院学报，2010，1（27）：31-34.
[②] 陈林会，等. 体教结合培养竞技体育后备人才的制度审视[J]. 首都体育学院学报，2012，4（24）：321-324.
[③] 胡小明. 从"体教结合"到"分享运动"——探索竞技运动后备人才培养的新路径[J]. 体育科学，2011，6（31）：5-9.

获得来自国家的必要充足的投入，并在事实上形成国家教育资源和体育资源的极大浪费，因此应该进行跨部门资源整合，将隶属体育系统的原业余体育学校和专业队编制划入教育系统，进而在全国范围内形成涵盖大中小学的培养主渠道。在体育行政部门的职能划分上，该研究认为要利用这种跨部门的资源整合方式，体育行政部门干脆由此退出竞技体育后备人才培养领域，并将"不应由政府行使的职能转移给事业单位、社会团体和中介组织"作为这一职能删减的政策依据[①]。西方竞技体育后备人才培养的方式非常有效地调动了各级教育资源，并在获取规模效益上有着一定的优势。但需要看到，西方竞技体育后备人才培养的成功更多依靠的是环环紧密衔接的庞大教育资源得以实现的，其背后更广泛的则是依托着较为成熟的教育系统、体育行业协会和发达的体育市场等众多领域的整体协调配合。

尽管体教结合在实践中呈现出较为曲折的发展态势，甚至有些环节并没有很好地实现这项政策设立的初衷，但仍然不失为是中国竞技体育后备人才培养的重要改革举措。由于执行力度和资源禀赋的区别，地方政府在体教结合的具体实施过程中取得的效果也不尽相同。虞重干（2005）的研究表明，近些年上海市在开展由普通中学试办二线运动队工作方面收获颇为丰富，业已形成了新的业余训练网络系统。同以往比较最大的区别在于，上海市这些兴办二线运动队的普通中学一跃成为了业余训练的龙头，而各级传统体校则转变成为梯队建设的组成部分，除此之外，更加宽泛、覆盖面更广的基础部分则由各类青少年体育俱乐部递进组成，试办二线运动队的学校承担了上海田径、游泳、足球等11个奥运重点项目的竞技体育后备人才培养任务[②]。郭修金等（2008）的研究进一步指出，上海市竞技体育后备人才培养在体教结合上取得了新的进展，其制度建设更加完善、项目布局和梯队建设更加科学，15所高校设有17个项目的高水平运动队，另有33所普通中学和38所体育传统项目学校开办二线运动队[③]。随着《关于进一步加强普通高等学校高水平运动队建设的意见》的颁布，特别是

[①]潘前，等.推进新时期我国竞技体育后备人才培养体教结合的战略转变[J].山东体育学院学报，2006，4（22）：88-91.

[②]虞重干.科学发展观视野中的"体教结合"[J].上海体育学院学报，2005，5（29）：19-22.

[③]郭修金，等.上海市实施体教结合培养竞技体育后备人才的审视与思考[J].天津体育学院学报，2008，5（23）：447-449.

2005年首次由教育部牵头组队参加第23届世界大学生运动会以后，普通高等学校高水平运动队建设取得了更为积极的进展。刘铮（2006）关于北京大学高水平运动队的研究表明，北京大学在此项工作中已经形成卓有成效的工作方法，积累了相当丰富的经验，构建了由全国各重点体育试办中学提供优质生源，贯彻学分制严格学业培养过程，强化教练员队伍建设的培养体系，有效地解决了学训矛盾[①]。黄帝全等（2010）关于华南理工大学高水平运动队的研究认为，与同专业普通学生相比较，该校的体育特长生就业率更高、就业薪金待遇较好、工作能力表现突出、竞技体育贡献明显等，这些已经成为高校高水平运动队在人才培养方面取得的突出成就[②]。

1.3.1.3 关于培养渠道的研究

从已经发表的文献来看，围绕培养渠道的研究覆盖了体育传统项目学校、青少年业余体校、体育运动学校、高水平体育后备人才基地、青少年体育俱乐部、试办高水平运动队的普通高等学校、专业体育院校的附属竞技体校等基本培养主体，从研究对象的范围和选择上来看，既有针对全国的定性研究，也有以个别地区为实证分析的定量研究。

体育传统项目学校的存在由来已久，是经体育行政部门和教育行政部门双方联合进行认定、至少需要开展2个体育运动项目、学校体育工作成绩突出、能积极开展体育训练并参加体育竞赛的各种普通中小学校和中等职业学校（表1-2），其产生的时间较早、数量众多、影响极大。李相如（2006）指出，随着传统业余体校的衰落，隶属于教育系统的各大中小学已经成为青少年业余体育训练的重心，并且主要集中在体育传统项目学校上，当前体育传统项目学校涵盖了各级各类中小学和职业中学、中专校等，其教学质量和水平较高，堪称教学工作和体育工作双优的典范，并提出传统体育项目学校常见的6种主要运行模式，即独立运行、与青少年体育俱乐部联办、与体育俱乐部联办、与体校专业运动队联办、与高水平运动队联办和与全国培养体育后备人才试点学校联办的模式[③]。惠陈隆等（2016）的系列研究认为，地区经济实力和竞技体育实力的差异会

---

① 刘铮，等.北京大学高水平运动队管理实践研究［J］.体育文化导刊，2006（5）：66-68.
② 黄帝全，等.高校高水平运动队办学模式探索［J］.广州体育学院学报，2010，6（30）：109-114.
③ 李相如.中国体育传统项目学校发展现状与管理机制研究［J］.体育科学，2006，6（26）：16-27.

映射到国家级传统体育项目学校的地区分布和数量多寡，目前的中东部地区较多、西部地区较少便是其真实反映[①]，而当前的特长生招生政策、二级运动员审批管理办法、体育教育系统协作机制、学校竞赛制度、运动项目布局等方面都存在一些政策或运行层面的障碍与缺陷[②]。杨雪梅等（2013）以四川省为实证对象的研究结果表明，即便在各层级体育传统项目学校数量较多、项目布局较合理的情况下，运行机制、生源质量、场地建设、教练师资、投入经费、输送渠道等方面仍然是制约体育传统项目学校发展的主要问题与障碍[③]。

表1-2　不同时期体育传统项目学校管理办法一览表（2013—2016年）

比较指标	《体育传统项目学校试行办法》（1983年）	《体育传统项目学校管理办法》（2000年）	《体育传统项目学校管理办法》（2013年）	区别
概念定义	有一两个体育项目已形成传统的学校	指开展学生体育活动形成的传统，并在一至两个体育运动项目技能上具有特色的中小学校	指有效实施素质教育，学校体育工作成绩突出，学生体质健康水平明显提高，严格执行国家体育与健康课程标准，学生体育活动具有特色，至少在2个体育运动项目上形成传统，经体育、教育行政部门联合命名的普通中小学校和中等职业学校	对传统项目学校的概念定义逐渐清晰；执行标准更加具体；有体育、教育行政部门共同支持
主管部门	由市（地）体育、教育部门联合审定、布局	体育行政部门负责传统校的体育业务指导工作，教育行政部门负责传统校的日常管理工作	县级以上（含县级）地方各级人民政府体育、教育行政部门共同负责对本行政区域内传统项目校进行管理	减少了具体分工

[①] 惠陈隆，等. 国家级体育传统项目学校现状调查与发展对策研究［J］. 中国体育科技，2016，1（52）：53-59.

[②] 惠陈隆，等. 我国体育传统项目学校的管理现状分析：成效、问题与对策［J］. 中国体育科技，2017，1（53）：9-16.

[③] 杨雪梅，等. 新时期四川省体育传统项目学校可持续发展研究［J］. 成都体育学院学报，2013，4（39）：87-90.

(续表)

比较指标	《体育传统项目学校试行办法》（1983年）	《体育传统项目学校管理办法》（2000年）	《体育传统项目学校管理办法》（2013年）	区别
参与机构	国家体育、教育行政部门联合管理	国家体育、教育行政部门联合管理	国家体育、教育行政部门进行业务指导和管理；鼓励和支持企业事业单位、社会团体和公民个人依法进行资助、捐赠或提供体育服务	鼓励社会力量参与
申报管理	报请省级体育、教育等部门统一命名，有效期为3年	分为国家、省（区、市）、普通三级，实行审定命名制度	分为国家级、省级、地市级，实行审定命名制度	逐渐从普通传统校变为地市级传统项目学校
物质保障	体委给予代表队的各项补贴，统一由学校掌握，专款专用	各级体育行政部门给予业务指导和经费支持，学校体育老师指导校代表队课余训练的时数应当计算为工作量	传统项目校要为校运动代表队学生、教练员提供伙食和运动服装等训练补助，根据当地经济发展和物价水平建立相应的动态增长机制。保障体育教师在职务评聘、福利待遇、评优表彰等方面与其他学科教师同等待遇。对体育教师组织学生开展课外体育活动以及组织学生体质健康测试等，要纳入教学工作量	运动员、教练员及相关师资教师的物质保障条件不断完善

自1955年原国家体委在北京等地试办3所青少年业余体育学校以来，作为隶属体育行政系统的青少年业余体校在竞技体育后备人才培养中做出了巨大贡献（图1-1、图1-2），与体育传统项目学校合力筑牢了传统三级训练网的庞大塔基。

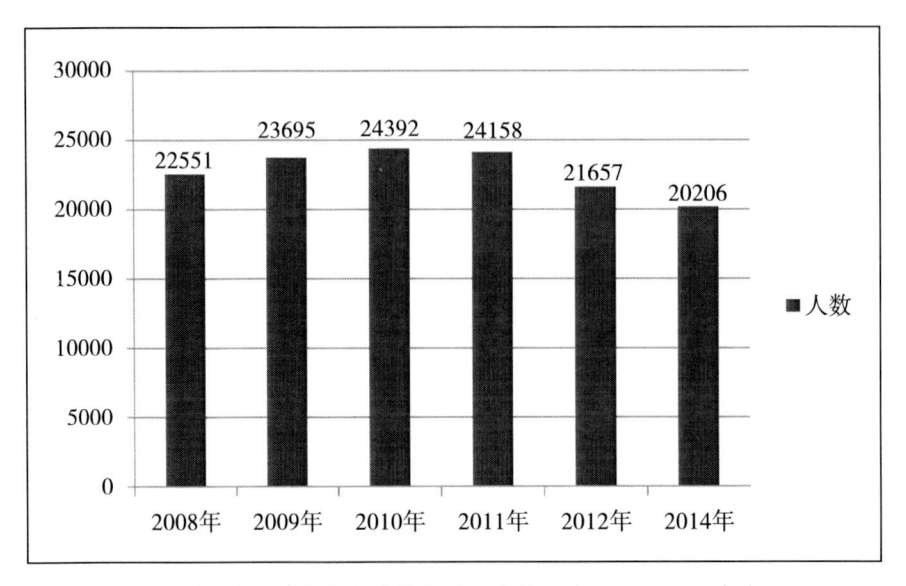

图1-1 中国青少年业余体校从业人数图（2008—2014年）

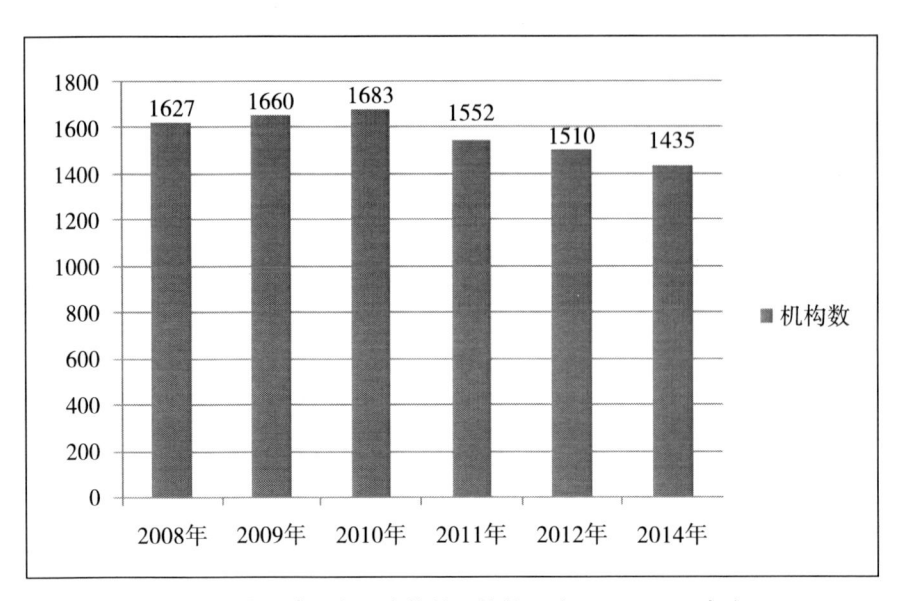

图1-2 中国青少年业余体校机构数图（2008—2014年）

关于青少年业余体育学校，孙岩等（2003）认为，一方面，与体育传统项目学校相比较而言，业余体校的办学目标更多地指向输送高水平运动员方向，也正是基于此原因，这种较为狭窄的培养目标导致了业余体育学校在市场经济条件下生源严重不足，难以为继。另一方面，具有代偿作用的体育传统项目学校、试点学校等，由于体育专业技术力量的投入较为有限，从而导致整体水平不高，无法为竞技体育提供更多支持，两者均需要进行制度创新[①]。易三平等（2011）在论述青少年业余体校发展困境时也表达了近似的观点，指出在市场经济环境下，以通过竞赛成绩和输送运动员数量作为获取财政支持依据的管理导向，使业余体校无法更多地着眼于社会需求，当内部发展遇到瓶颈而又无法适应外部环境变化时，就只能面对自身资源的流失而无可奈何[②]。胡小明（2002）将原国家体委在1956年要求在全国范围建立青少年业余体育学校的举措，视为中国竞技体育专业化发展的萌芽象征，并将其形容为竞技体育"举国体制"已初见端倪[③]。李艳茹等（2012）提出，在经济转型的特殊时期，区县青少年业余体校中存在的对执行文化教育阴奉阳违、硬件设施匮乏、师资队伍结构不合理、学生输送率低等实际情况，是区县青少年业余体校必须重点解决和突破的关键问题所在[④]。

体育运动学校是中国竞技体育人才培养的中级形式，位于三级训练网的中间层次，是衔接初级业余训练与高水平训练的重要桥梁（图1-3、图1-4）。由于体育运动学校与青少年业余体校同样隶属于体育行政系统，所以二者在经济政治体制转型中遇到的问题和矛盾也具有一定的相似性。

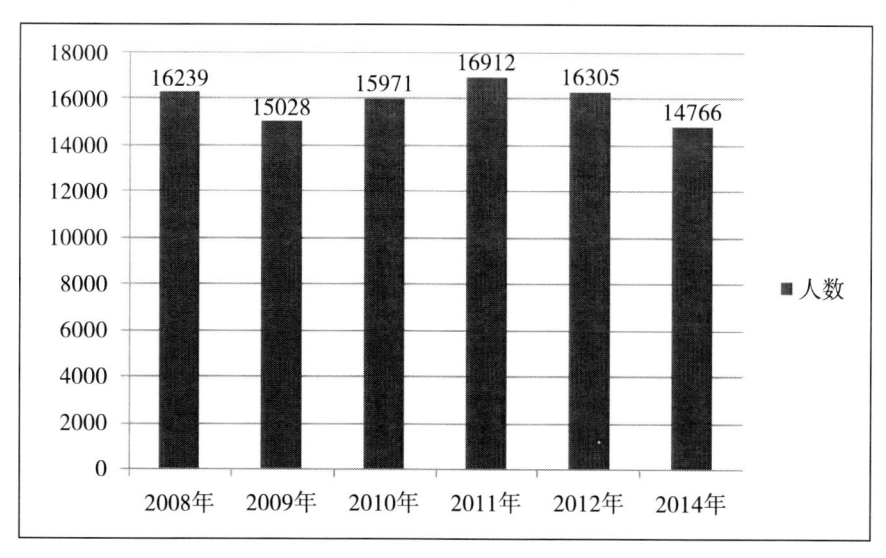

图1-3 中国体育运动学校从业人数图（2008—2014年）

[①] 孙岩，等.我国业余体育训练的历史发展及现状分析[J].体育学刊，2003，3（10）：111-114.
[②] 易三平，等.论业余体校体制改革方向的选择[J].武汉体育学院学报，2011，6（45）：35-38.
[③] 胡小明."举国体制"的改革[J].体育学刊，2002，1（9）：1-3.
[④] 李艳茹，等.区县业余体校研究[J].体育文化导刊，2012（11）：78-80.

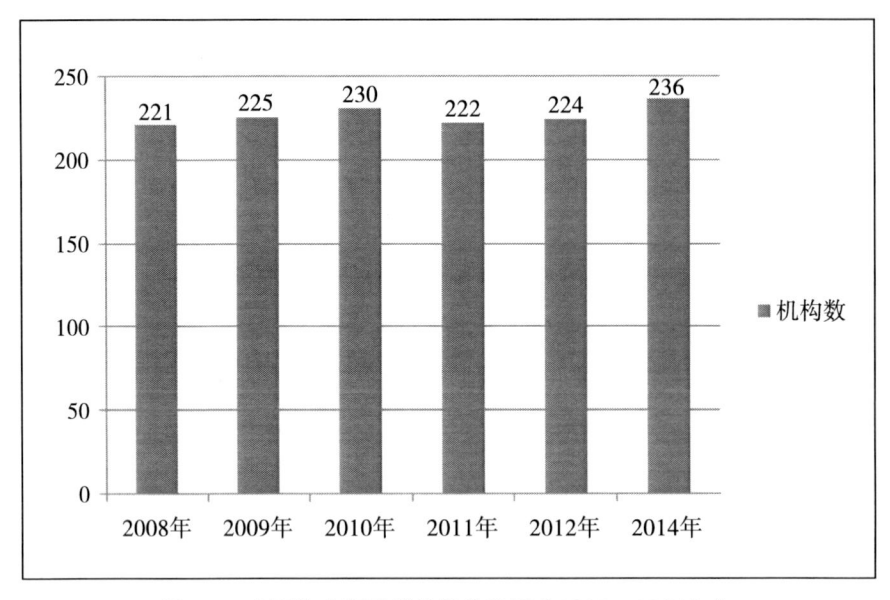

图1-4 中国体育运动学校机构数图（2008—2014年）

关于体育运动学校，孟凡花等（2010）的研究指出，体育运动学校作为计划经济时期的特定历史产物，最为辉煌的发展阶段已经随着中国社会政治、经济和文化环境的变化而消逝，其自身改革由于不彻底性，持续的生源下滑、成才率低、学训矛盾突出等问题，使体育运动学校的吸引力不断下降[①]。金学斌等（2010）比较分析了体育运动学校常见的"三集中""体教结合"和"校企（俱乐部）结合"办学模式，认为"三集中"办学模式明显滞后于时代发展需要，"体教结合"办学模式的确是发展趋势也符合人才培养规律，但现阶段结合得还不够充分，容易出现学训均不能达到理想状态的情况，而"校企（俱乐部）结合"办学模式在实践中的应用还不够普遍。同时，为了适应人才培养需要，将原来全部是三年制的中专调整为五年制大专、三年制中专等多样化的学制，也在一定程度上形成混乱，给学籍管理带来了一些影响[②]。在今天，对于曾经红红火火且做出重大贡献的体育运动学校来说，里面有一些转型成功了，而更多的则是面临着招生数量下滑、办学规模萎缩，甚至无法继续开办的情况，这不得不说是一种时代的悲哀，同时也是对中国竞技体育后备人才培养资源的一种浪费。

---

①孟凡花，等.新中国体育运动学校发展研究[J].体育文化导刊，2010（11）：10-13.
②金学斌，等.我国中等体育运动学校办学模式研究[J].西安体育学院学报，2010，2（27）：142-145.

国家高水平体育后备人才基地认定工作是中国目前业余训练管理工作的重要抓手，在经历2004、2008和2012三个奥运周期的实践检验后，收到了十分良好的效果（表1-3）。张亮等（2010）的研究显示，通过实施国家高水平体育后备人才基地的认定工作，对各级各类体育学校建设和发展的导向作用非常明显，围绕认定办法所进行申报的各项准备工作，一方面，可以强化学校的常规管理工作，提升办学效益和办学质量；另一方面，也在加速办学指导思想的转变，引导其朝着更加关心青少年运动员全面成长的方向努力[1]。章进等（2016）对认定标准的调整变化进行了详细的分析，认为当前的认定标准是一个动态变化的标准体系，由原来的结果导向转变为更加注重对竞技体育后备人才培养的过程管理，更加专注以人为本的青少年运动员全面发展要求，这样可以更加有效地提升业余训练的质量和水平，使实施体育后备人才培养精品工程的目标更加容易实现[2]。

表1-3 国家高水平体育后备人才基地分布一览表（2013—2016年）

基地分布数量范围	1~9所	10~19所	20~29所	30~40所
所在省份（数量：所）	西藏（1） 青海（1） 重庆（2） 海南（2） 贵州（2） 云南（3） 山西（4） 内蒙古（4） 甘肃（5） 陕西（7） 天津（7） 江西（7） 安徽（8） 广西（8）	福建（10） 北京（11） 黑龙江（11） 浙江（13） 河南（13） 湖北（14） 湖南（14） 河北（15） 四川（15）	上海（21） 广东（23）	辽宁（32） 江苏（37） 山东（37）

自2000年《关于进行青少年体育俱乐部试点工作的通知》颁发以来，创建国家示范性青少年体育俱乐部成为开展青少年体育工作的一种重要组织形式。苗大培等（2007）将中国青少年体育俱乐部与德国、日本进行了比较分析后，认为不应该过于追求规模和数量，而是应该重点依托体育设施等基础条件好的

---

[1] 张亮，等.我国高水平体育后备人才基地建设研究[J].体育文化导刊，2010（7）：46-48.
[2] 章进，等.国家高水平体育后备人才基地认定标准更迭评价体系研究[J].湖北体育科技，2016，5（35）：410-414.

中小学校开展稳扎稳打的系统建设，提出了将体育传统项目学校和青少年体育俱乐部建设相结合、将日常体育活动和竞技体育后备人才培养相结合的对策建议[①]。国家体育总局使用体育彩票公益金对青少年体育俱乐部的发展进行投入，对其进行合理的监管十分必要。肖林鹏等（2007）认为，现有的监管机制尚不健全，青少年体育俱乐部的社会公信度和资金筹集方面存在隐患，需要在法规制度体系、俱乐部内部治理和社会化管理等方面加大建设力度[②]。刘卫民等（2015）从健康促进的视角出发，认为青少年体育俱乐部应该聚焦青少年的健康行为而非健康状态，将健康促进纳入到青少年体育俱乐部的工作目标和基本准则中去[③]。

20世纪80年代开始，为了巩固和发展已有的中小学体育传统项目学校和试点学校，颁布实施了《关于部分普通高等学校试行招收高水平运动员工作的通知》（教学字〔1987〕8号），将普通高等学校试办高水平运动队作为解决竞技体育后备人才培养的一项重要政策措施。虞重干等（2006）认为，这一举措打破了原来由体育系统封闭培养高水平运动员的体制限制，是实施体教结合的最有效形式[④]。王文平（2010）提出，把好招生关、提高教练员职业素质、提供科研支撑服务、强化项目布局、加快体育社会化进程是发挥高校优势、实现中国竞技体育跨越式发展的战略关键[⑤]。从试办效果来看，马兆明（2016）的观点引人深思，在将2014年全国第十四届大学生田径运动会作为样本进行分析后指出，尽管已有146所高校招收田径项目高水平运动员，但这次赛会的成绩表明参赛运动员基本处于一级运动员水平，还有很大一部分处于二级运动员水平阶段，普通高校高水平运动队办队绩效堪忧，提出了转轨改制向高等体育院校发展的对策建议[⑥]。刘志云等（2009）对中国高等体育院校附属竞技体校进行了实证研究，认为这是一种建立在科学化训练基础上的学训并重的竞技体育后备人才培养模式，具有办学目标明确、竞技成绩突出、人才培养特色鲜明等特

---

①苗大培，等.我国青少年体育俱乐部现状调查及发展对策［J］.体育科学，2007，6（27）：8-16.
②肖林鹏，等.我国青少年体育俱乐部的监管机制研究［J］.山东体育学院学报，2007，4（23）：10-13.
③刘卫民，等.我国健康促进青少年体育俱乐部的创建［J］.体育学刊，2015，3（22）：53-58.
④虞重干，等."体教结合"与高校高水平运动队建设［J］.体育科学，2006，6（26）：79-84.
⑤王文平.高校高水平运动队发展方略［J］.体育与科学，2010，3（31）：104-107.
⑥马兆明.我国普通高校高水平运动队转轨改制研究［J］.沈阳体育学院学报，2016，1（35）：97-102.

点，能够充分发挥高等体育院校在教学、科研、训练、设施等多方面的整体优势[1]。殷明舒（2015）则提出，要重视体育院校附属竞技体校的文化教育，关注运动员终身发展，构建文化学习的激励机制[2]。

1.3.1.4 国外相关研究

作为一项复杂的系统工程，由于受到不同的政治、经济、社会、文化和历史等条件的影响，竞技体育后备人才培养在世界各国呈现出不尽相同的发展方式，只有建立适合自身国情发展需要的青少年运动员培养系统，才能为竞技体育的可持续发展夯实人才基础。

美国作为世界体育强国，关于其竞技体育后备人才的培养吸引了众多研究者的目光。皮斯特（2007）比较了美国和丹麦的大众体育，指出在18世纪早期，美国大学的管理层轻视体育运动，将从事体育运动视为浪费时间的表现。但不久之后体育成为美国大学间相互竞争的一个重要方面，各大院校不但纷纷聘请教练员，还建立了与之相关的体育部门，使体育成为大学的一个重要内容，大学逐渐成为美国业余体育运动最重要的培养渠道[3]。这非常好地诠释了美国大学体育由弱变强的发展过程，有助于人们正视中国普通高等院校在举办高水平运动队过程中出现的曲折和问题。潘前（2003）从对比中美后备人才培养体制的视角出发，认为美国在竞技体育后备人才培养中最大的一个特点就是完美地将体育与教育二者融为一体，凭借一流的学习条件、运动设施和灵活的管理机制，教练们可以从大量的比赛中挑选最优秀的运动员，这些分布于大中小学的不同年龄段的学生运动员群体为美国竞技体育提供了庞大而又雄厚的后备人才队伍[4]。曹杰等（2013）进行了针对美国中小学体育后备人才培养的研究，表明小学阶段中较少的课业负担、充裕的课外时间、强烈的兴趣引导和校外体育俱乐部能够保障小学生进行必要的体育训练，而在进入高年级以后，在"以人为本"教育理念的主导下，依靠个性化的指导服务和严格执行的学籍管

---

[1]刘志云，等. 我国高等体育院校附属竞技体校人才培养模式的研究［J］. 天津体育学院学报，2009，1（24）：85-88.
[2]殷明舒. 我国体育院校附属竞技体校文化教育研究［J］. 体育文化导刊，2015（3）：135-138.
[3]皮斯特. 大众体育——在不同体育体制间的机会和挑战［J］. 体育学刊，2007（12）：34-38.
[4]潘前. 中美体育后备人才培养体制初探［J］. 西安体育学院学报，2003，3（20）：23-25.

理制度，确保青少年运动员的文化教育学习与竞技运动成绩得到全面协调发展[①]。吴建喜等（2010）从社会学的角度分析，认为美国竞技体育后备人才培养所取得的巨大成效并非仅依靠竞技体育管理体制，相互协调配合的教育理念、教育体制、经济体制、法律体系与竞技体育管理体制一同构筑了竞技体育后备人才培养的完善支撑体系和坚实社会基础[②]。

俄罗斯也是传统体育强国，特别是其体育体制与中国类似，均属中央集权式的管理模式，对中国竞技体育后备人才培养改革发展具有特别的意义。侯海波等（2005）认为，在苏联解体之后，俄罗斯体育继承了原来的发展模式，青少年体育俱乐部、奥林匹克后备力量学校等体校仍然是俄罗斯竞技体育后备人才培养的基础，俄罗斯的体育科研单位也积极地将运动医学、生物力学等领域的研究成果转化到上述体校的训练实践中，同时还通过修改法律、政策来保障体校的地位，积极为体校寻找社会资金并提高工作人员的福利待遇[③]。白海波（2007）认为，同苏联相比较，俄罗斯的体育管理体制改革取得了长足进步，但根本性的变革尚未出现，依靠苏联时期已经建成的、遍布俄罗斯的各类竞技体育后备人才基地堪称是对苏联"体育遗产"继承的精华所在，并没有像其在经济领域所采取的"休克疗法"那样对体育管理体制进行全盘否定，而是采取了继承、吸收与改革并重的方法，从而确保俄罗斯竞技体育在世界体育中仍然占据着重要的一席[④]。叶杨（2005）的研究表明，俄罗斯青少年体育学校数量庞大，其中隶属于教育部和国家体委的占到了总量的80%左右，这些学校受俄罗斯经济发展情况的制约，在资金、场地、高水平教练等方面遇到了极大的困难，可喜的是俄罗斯政府很快认识到了其中的严重性，召开专门针对青少年体育学校的改革会议，通过法律巩固地位、通过国家财政增加拨款、通过引入资源增加活力，从而使这一困境得以改善[⑤]。

侯海波等（2005）认为，尽管德国联邦政府没有直接参与竞技体育后备

[①] 曹杰，等.美国中小学体育后备人才的培养过程［J］.首都体育学院学报，2013，1（25）：6-10.
[②] 吴建喜，等.美国学校培养竞技体育人才社会学归因［J］.体育文化导刊，2010，1（11）：97-99.
[③] 侯海波，等.国外竞技体育强国后备人才培养体制及启示［J］.上海体育学院学报，2005，4（29）：1-5.
[④] 白海波.俄罗斯体育管理体制改革发展研究［J］.沈阳体育学院学报，2007，1（26）：37-42.
[⑤] 叶杨.俄罗斯奥运备战体制的变化及对我们的启示［J］.体育科学，2005，12（25）：69-71.

人才的培养，但通过资金投入、科研支持、提供训练基地等措施来为其保驾护航，德国庞大的体育俱乐部体系支撑起青少年体育发展的基础，体育俱乐部和各级体育运动协会可以完成青少年运动员培养和选拔任务，高水平的体育科研能够有效与实践结合起来，并建有较高专业化的体育教练员学院，确保有高水平的后备人才教练队伍[①]。董佳华（2015）从法制化的角度出发，认为美国通过《业余体育法》（1978）保障了竞技体育后备人才培养的各项权利和义务，明确了以各级学校为中心的"学校体制"；俄罗斯通过《俄罗斯联邦体育和竞技运动法》，为竞技体育发展提供了法律保障，其青少年业余体校也因此获益，地位不断被巩固和完善。日本在相关法律法规建设上也起步较早，在1961年就颁布了《日本体育运动振兴法》，这部法律作为日本业余体育基本法，明确传递了政府促进体育教育的政策导向，其后颁布的《关于增进国民健康和体力对策》，更是极具前瞻性地将体育与国民健康联系在一起，使体育在日本战后经济重建中发挥了更加广泛的积极作用[②]。

1.3.2 简要评析

中国竞技体育后备人才的培养和管理紧紧依附于传统竞技体育管理体制。自进入21世纪以来，中国竞技体育领域长期积淀形成的计划经济烙印仍然挥之不去，与中国政府治理改革的不断提档加速形成了鲜明对比。竞技体育面对着政府职能定位不当的诘问和社会结构激烈变迁所带来的一系列社会问题，正视竞技体育后备人才培养危机、改革竞技体育管理体制成为众多体育理论研究者的呼声。鉴于长期以来竞技体育自身被赋予的政治色彩和浓厚的民族情结，研究者们普遍认为，竞技体育举国体制下的三级专业化人才培养模式是具有中国特色的竞技体育发展道路，确保中国体育在最短的时间里成功实现了"冲出亚洲、走向世界、为国争光"的奥运争光战略目标。以最具代表性的乒乓球项目为例，谢琼桓（2003）进行了深度分析，将举国体制下的项目优势凝练为充

---

① 侯海波，等. 国外竞技体育强国后备人才培养体制及启示［J］. 上海体育学院学报，2005，4（29）：1-5.
② 董佳华. 国外竞技体育后备人才培养法制化对我国的启示［J］. 沈阳体育学院学报，2015，5（34）：54-58.

分发挥集体的智慧和集体的力量、训练中的精心打磨和竞赛中的严密策划，而在技术层面以外，竞技体育举国体制更是凝结了崇高而深沉的爱国主义精神、"全国一盘棋"的集体主义旗帜和胜不骄败不馁的思想气度①。不难判断，对于中华人民共和国成立初期，体育及其竞技体育制度在促进国际交流、维护世界和平、增进各国人民友谊、向外界宣传和了解中国等方面，有着十分重要的作用和价值。

历史的车轮行驶到今天，举国体制作为中国竞技体育发展的最大载体，其原有的存在基础业已发生巨大改变，竞技体育人才培养越来越受到来自各方面的挑战。2004年一篇名为《奥运金牌的陷阱》的文章发布在网络上并被各大门户网站竞相转载，作者用简单的算法得出每块奥运金牌近7亿元成本的爆炸性结论，从而引发了社会舆论关于政府在竞技体育上投入产出比的激烈争论，直接将矛头指向政府干预竞技体育的合理性与合法性。政府体育行政部门和体育学界对其进行了有力驳斥。时任国家体育总局局长刘鹏指出，该说法是完全脱离事实依据的，国家财政拨款并不仅仅是对竞技体育的投入，还包括政府体育行政部门的人员工资支出、办公运行经费和其他体育工作领域的经费等，而且即便是竞技体育工作中也绝非仅仅只包括了金牌的支出，"用其杜撰出来的数字，算出的每块金牌的成本，只需要稍加分析，便可以知道多么荒诞不经"②。对此，易剑东（2006）在进行批驳的同时，也指出当奥运会成为国际体育的主要竞争平台后，这种竞争方式本身具有一定的局限性，需要对其加以更加理性的看待和分析，提出了在全运会中取消金牌及总分的排名榜和支持高等学校试办竞技体育的发展模式等事关中国体育管理体制转型关键要素的对策建议③。

鉴于改革和调整的迫切需要，体育学界也取得了较为一致的认知，认为要站在时代的高度，为传统举国体制下的竞技体育可持续发展寻找到一个有效的战略变革选择。韩坤（2011）认为，现阶段竞技体育的辉煌成绩充分说明中国已经完成了竞技体育的基本崛起，目前需要深入思考的是崛起以后的继续发展

---

① 谢琼桓. 守望体坛 [M]. 北京: 人民体育出版社, 2003: 12.
② 刘鹏. 举国体制要坚持完善 [EB/OL]. http://politics.people.com.cn/GB/101380/7833964.html, 2008-09-06
① 易剑东. 我国体育体制转型的四个关键问题 [J]. 体育学刊, 2006, 12 (13): 8-11.

问题[②]。从实际工作角度来看,近年来针对专业化竞技后备人才培养存在的问题,体育行政部门也采取了许多积极有效的举措(表1-4),从竞技体育司专门组建后备人才处到国家体育总局设立青少年体育司,体现了国家对青少年体育工作的重视和强化管理,是对实现中华民族伟大复兴、全面建成小康社会和新时期体育事业改革做出的积极回应,对提高业余训练水平和竞技体育后备人才培养质量起到了组织保障和政策支持的重要作用。

表1-4 关于竞技体育后备人才培养相关重要文件一览表

发文时间	文件名称	发文部门
2002年	《关于进一步加强和改进新时期体育工作的意见》	中共中央、国务院
2003年	《自主择业退役运动员经济补偿办法》	人事部、财政部、国家体育总局
2005年	《关于进一步加强普通高等学校高水平运动队建设的意见》	国家体育总局、教育部
2006年	《关于进一步加强运动员社会保障工作的通知》	国家体育总局、财政部、劳动和社会保障部
2007年	《中共中央 国务院关于加强青少年体育增强青少年体质的意见》	中共中央、国务院
2007年	《关于做好运动员职业转换过渡期工作的意见》	国家体育总局
2009年	《关于加强青少年体育增强青少年体质的实施意见》	国家体育总局
2010年	《国务院办公厅转发体育总局等部门〈关于进一步加强运动员文化教育和运动员保障工作的指导意见〉的通知》	国务院
2011年	《青少年体育"十二五"规划》	国家体育总局
2011年	《中等体育运动学校管理办法》	国家体育总局
2011年	《少年儿童体育学校管理办法》	国家体育总局

---

①韩坤.中国竞技体育崛起研究[M].杭州:浙江大学出版社,2011:30.

（续表）

发文时间	文件名称	发文部门
2012年	《国务院办公厅转发教育部等部门〈关于进一步加强学校体育工作若干意见〉的通知》	国务院
2013年	《关于印发〈体育传统项目学校管理办法〉的通知》	国家体育总局、教育部
2014年	《关于印发〈国家高水平体育后备人才基地认定办法〉的通知》	国家体育总局
2016年	《青少年体育"十三五"规划》	国家体育总局

随着中国改革开放不断向纵深发展和经济社会的持续进步，传统的竞技体育后备人才培养过程面临的改革挑战和不确定性与日俱增。在此背景下，许多学者认同将体教结合作为破解运动员因文化教育缺失而形成的一系列衍生社会问题的突破口。从增强后备人才培养的社会认同、保障后备人才培养的文化教育水平、拓宽后备人才培养的途径渠道来看，体教结合由最开始的"三集中"转变为分散走读、由体育系统封闭办转变为体教整合资源开放合办的培养模式，堪称是一种具有积极意义的改革进步。这种改革进步既体现在以人为本、统筹兼顾的人才培养理念的转变上，也体现在体育和教育两大系统在这一问题的协作创新上，是对以往体育系统封闭的人才培养方式的一次突破，符合社会主义市场经济发展的现实需要。但也需要清醒地认识到，当前的结合仍处于探索发展阶段，体育行政部门与教育行政部门还存在自说自话的情况，彼此利益诉求的一致性还有相当差距。同时，在经济发展水平不同地区之间，体教结合工作的进展程度不尽一致，北京、上海、广东及沿海发达地区体教结合工作起步早、创新示范性强，而西部等经济欠发达省份虽已起步，但在政府部门间协作的运转尚未协调，社会系统也未能为其形成有效的支撑作用，体教结合缺乏机制层面的创新，其稳定性还需要实践进一步加以验证。从中可以看出，思想观念层面上的认识和经济发展水平对体教结合的程度影响巨大，经济欠发达地区对原有培养体系依赖程度高、创新性差，学校作为后备人才培养基本环节的作用发挥受到很大限制。

青少年业余体校、体育运动学校、体育传统项目学校等是中国传统的竞技体育后备人才培养主渠道，其存在有着特定的历史条件，并也确实成功地完成了时代赋予的任务，为中国竞技体育在国内外赛场上争金夺银保证了必要的后备人才输送。如果忽略业余训练体系中在训运动员的庞大基数，而单从保障高水平运动员供给、完成国家队组队任务的角度来看，上述培养主体的"效率"或者说工作任务是"达标"的。但时至今日，狭隘的竞技体育人才培养目标显然没有与时俱进，纵观竞技体育后备人才的全过程，并用以人为本和人的全面发展的视角进行审视，不难发现这些传统的培养渠道尚无法体现社会所期盼的效率原则，对其进行改革调整势在必行。因此，开展国家高水平体育后备人才基地、国家级示范青少年体育俱乐部的认定工作被学界视为有效引导竞技体育后备人才培养的重要措施。新的竞技体育后备人才培养体系的构架应该是兼顾效率与效益的，按照市场经济规律制定人才培养规则。对此，可以用胡小明（2010）所提出的"分享运动，强调体育的公益性质，努力构建长效的公共体育服务体系"来概括和总结，坚持现有体育体制在培养运动精英的成熟和优秀部分，完善其在公共体育服务领域的短板[1]。竞技体育后备人才培养模式的创新，其实质是对现代体育价值的重建和再次分配过程，在这一过程中包含了政府各组成部门间的事权划分，也包含了政府、企业、社会、家庭等多方行动者的利益，在进行积极改革的同时，也要立足长远仔细推演不同利益群体相互作用后可能产生的一切变化。

1.4 研究思路与研究方法

1.4.1 研究思路

自1978年党的十一届三中全会掀开社会主义改革开放的大幕以来，在1979年国际奥委会"名古屋会议"恢复中国奥林匹克大家庭合法身份的影响作用下，中国竞技体育后备人才培养在经历由竞技体育适度超前发展到最终一支独大的发展过程中，出现了以邻为壑的全运会竞争模式和体育系统、地方政府双重封闭的"保护式"建设和发展。由于地方竞技体育后备人才培养的高度集中管理导致了不同省市间运动员交流渠道的堵塞和"碎片化"，不但引发了后来

---

[1] 胡小明. 分享运动——体育事业可持续发展的路径［J］. 体育科学，2010，11（30）：3-8.

需要通过将奥运会奖牌带入全运会中的制度性措施，才能确保实现"国内练兵、一致对外"的国家竞技体育发展战略目标，也使得竞技体育后备人才培养在改革开放的过程中未能及时引入社会资源，最终引发了旷日持久的社会舆论关注与质疑。

这种结果的产生有其历史根源。早在中华人民共和国成立之初，以美国为首的西方敌对势力阵营对中国采取了敌视、封锁、孤立的外交政策，面对这种恶劣的国际环境，20世纪50年代的中国必须积极拓展自身的外部空间，寻求国际交流的平台和渠道，向世界展示和宣传中国的形象。在这种历史背景下，竞技体育成为中国外交战略的重要组成部分，体育在事实上成为当时中国外事交流的"先锋官"。换言之，当时体育之所以被赋予了重要的政治功能，大概就在于其具有能够有效突破外部封锁、展现中国形象的特定价值。从1952年8月时任全国体总秘书长荣高棠提出加强体育运动领导工作的建议报告，到1952年11月决定成立"中央人民政府体育运动委员会"，期间历时不到3个月，这也从另一个角度印证了竞技体育早在中华人民共和国成立之初就担负了一定政治功能的根源所在。在其后的发展中，对外交流始终是竞技体育及后备人才培养的重要作用体现。同时，由于在和平时期，现代奥林匹克竞技运动常常被人们视为"和平时期的战争"[①]，在事实上成为世界各国展示国家实力、宣扬民族精神的"角力场"。于是随着中国国力的逐渐增强，中国竞技体育在国际体育大赛中、特别是在奥运会上成绩的迅猛提升，又为其增加了凝聚人民力量、增强民族认同感的重要功能，"为国争光"的政治价值日益凸显。在上述种种因素的推动下，中国竞技体育高歌猛进，作为其支持系统的后备人才体系建设也通过计划和行政命令的方式得到壮大发展。

现阶段，传统竞技体育后备人才培养体系出现了"系统性失效"，这种矛盾集中体现在两个方面，一方面是对政府体育行政部门而言，尽管通过国家队封闭式的集中训练模式可以在一定时期内确保优势项目的竞争力，但后备人才供给方面远远没有达到预期的"普及基础上的提高"已是不争的事实，同时青少年体质长期持续下降反而给奥运金牌的价值和政府体育职能定位带来了更多的争论。另一方面则是针对政府教育行政部门的，体教结合从20世纪80年代提

---

①凌平.奥林匹克竞技运动与现代战争异同论［J］.体育文化导刊，2005（2）：26-27.

出来时就被寄予厚望，被视为竞技体育后备人才培养创新的"不二法门"。但时至今日，教育系统对竞技体育后备人才的贡献度依然有限，无法更多地担负起"奥运争光"的基础性任务。在这一矛盾没有得到根本性解决之前，无论是体育行政部门，还是教育行政部门，或者在市场经济条件下新出现的利益主体，彼此间的利益冲突已经成为竞技体育后备人才培养改革难、实施难的重要原因。

基于上述关于中国竞技体育发展的逻辑推理和整体判断，本研究总体上遵循"首先提出问题、分析问题、最后解决问题"的研究思路，在纵向上从梳理中国竞技体育后备人才培养的发展演进入手，在横向上比较分析世界体育大国的发展经验，在厘清历史背景和发展现状的基础之上，寻找推动竞技体育后备人才培养模式创新的内在驱动力，同时紧密围绕中国体育面临的重大时代机遇与挑战，探讨新时期中国竞技体育后备人才培养的核心任务，找准当前改革的难点和障碍，对其进行新的价值解析和重构，并结合中国足球改革实证分析竞技体育后备人才培养的可能创新方式，结合东西部地区竞技体育后备人才培养现状探讨地区间不均衡发展现象，最后提出中国竞技体育后备人才培养模式创新的对策和建议。

1.4.2 研究方法

1.4.2.1 文献资料法

本研究利用中国学术期刊网、万方数据知识服务平台和维普智立方知识发现系统，交叉检索了涉及中国竞技体育后备人才培养的相关期刊、学位和会议论文200余篇，同时还在课题撰写过程中查阅了国家图书馆、四川省图书馆、北京体育大学图书馆和成都体育学院图书馆等馆藏资料，全面掌握已有相关研究成果和政策法规等资料，重视用丰富的史料来丰富研究的理论起点和知识构建，为研究的顺利展开奠定理论基础。

1.4.2.2 深度访谈法

根据研究需要，走访了国家体育总局青少年体育司和政策法规司、四川省体育局、中国足球协会、恒大足球学校的相关领导，北京体育大学、西安体育学院、成都体育学院、广州体育学院、陕西师范大学体育学院的相关专家学者，部分一线体育教练员和业余体校管理者，主要围绕中国竞技体育后备人才培养改革过程、有关体育重大政策出台背景、业余训练现状等内容进行深度访谈，并征询其对本研究选题的意见和建议。

1.4.2.3 个案研究法

竞技体育后备人才培养变革需要从整体上宏观统筹思考，同时还要兼顾具体运动项目的实际。不同的体育项目在建成小康社会、提供公共服务、促进社会和谐中发挥的作用不尽相同，也面临着不同的发展问题。在个案研究过程中，不仅要抓住项目的特性，还要考虑彼此之间的共性问题。同时，社会环境也是在个案考察中必须注意的一个重要方面。有鉴于此，本研究选取新型足球学校作为运动项目的实证对象、选取东西部地区部分省市作为后备人才培养现状的实证对象分别进行分析与讨论，力求用样本案例来具体说明当前竞技体育后备人才培养改革的发展方向。

1.4.2.4 比较分析法

针对选定的研究主题，本研究以时间为纵轴，系统梳理了中国竞技体育后备人才培养的历史演进，总结不同发展时期的阶段特征，挖掘当前面临困境的历史根源；以国别为横轴，选取美国作为学校体育的代表、俄罗斯作为相近管理体制的代表、日本作为同地区的代表等进行分析，找出不同国家不同培养方式的优缺点，从而为创新竞技体育后备人才培养模式提供历史与现实参考，更好地把握中国竞技体育后备人才培养方式的未来发展趋势。

1.5 研究内容与创新

1.5.1 研究内容

1.5.1.1 中国竞技体育后备人才培养模式的演化现状

从历史分期的角度，将中国竞技体育后备人才培养过程分为4个发展阶段，对其产生、发展、困境、机遇等方面进行系统分析，总结凝练出竞技体育后备人才专业化、职业化和院校化的3种培养路径，以及运动技术学校、竞技体校等6种可供选择的培养主体。在此基础上进一步探讨了国家和社会重大现实需求、社会经济变革作为根本驱动力、深化体育改革、政府治理创新同竞技体育后备人才培养的内在联系和作用影响。

1.5.1.2 国外竞技体育后备人才培养的经验启示

选取美国、澳大利亚、法国、俄罗斯、日本5个国家作为比较分析的对象，总结梳理了国外竞技体育强国在竞技体育后备人才培养方面的制度特点和经验做法，指出国外竞技体育强国在原来重视市场机制基础作用的前提下，越来越重视国家行为对青少年体育后备人才培养的保障作用，在管理方式上政府加社会的结合型管理发展趋势明显，对中国竞技体育后备人才改革具有一定借鉴作用。

1.5.1.3 中国竞技体育后备人才培养的核心任务

在对国内外竞技体育后备人才培养已有经验进行比较分析的基础上，围绕现阶段中国竞技体育后备人才培养面对的机遇挑战，提出了社会化是当前中国竞技体育后备人才培养的核心任务，对社会化的特征和内容进行了阐述。同时从青少年运动员个体、教育与后备人才、培养体系、社会公平4个方面解析了社会化的价值作用。

1.5.1.4 中国足球竞技体育后备人才的实证分析

结合当前中国体育改革的重大现实需要，选取足球后备人才培养作为实证分析对象，提出了新型足球学校作为解决足球后备人才的对策建议，界定了当前新型足球学校的3种主要类型及其定位和作用。在此基础上结合培养效率和作用范围等关键因素，强调了依托教育部门的各类青少年校园足球特色学校的主体地位和价值，提出了新型足球学校发展的相关对策建议。

1.5.1.5 东西部地区竞技体育后备人才培养的实证分析

选取上海、江苏、浙江作为东部地区的参照对象，选取陕西和甘肃作为西部地区的参照对象，分别从竞技体育后备人才的培养形式、项目布局、经费投入、教练员队伍、存在问题等方面进行系统分析，认为中国地区间的经济发展不平衡现象同样延伸和影响竞技体育后备人才培养工作中，需要根据不同地区的实际情况，因地制宜地采取相应发展策略，并重视经济落后地区政府和市场的分工定位问题。

1.5.1.6 中国竞技体育后备人才培养的模式选择

系统分析了"健康中国"带来的国家战略机遇、经济新常态下体育产业的融合发展、体育治理方式深化改革等时代要求，提出了中国竞技体育后备人才培养的社会化目标定位和愿景使命，以及可供选择"体教结合"式、企业主导式、"多元化"式三种培养模式，最后提出了新的行动策略和路径选择。

1.5.2 基本观点

本研究强调在充分尊重传统模式、认真分析国外经验的前提下，跳出竞技体育来分析和解决竞技体育后备人才问题。第一，在中国经济社会发展的新时期，鉴于国际体育赛场上国别间的竞争较量依然存在，体育仍然是不同国家和民族间交流、竞争的方式。第二，中国传统的竞技体育后备人才培养体系在特定历史时期做出了巨大的贡献，但因制度惯性和管理方式变革迟缓等原因在今天备受争议，其改革属于一种"倒逼"行为。第三，在竞技体育后备人才培养改革的过程中，政府应继续发挥引领作用，承担顶层设计的职能，但在干预方式和措施上需要创新。第四，新时期竞技体育后备人才的培养要立足于全民健康的大格局观之上，要明确利益归属，调整体育系统与教育系统、政府组织与体育社会组织、企业组织的利益关系，确保"普及"与"提高"同步进行而又不出现脱节。围绕上述观点对竞技体育后备人才培养模式创新的各个环节进行了全方位的研究，并将此观点贯彻整个研究之中。

1.5.3 研究创新

本研究以竞技体育后备人才培养模式变革为目标，以足球后备人才培养和东西部地区竞技体育后备人才培养为实证对象,在历史演进和国际经验比较的基础上,构建了新时期竞技体育后备人才培养的使命目标、模式选择和行动策略,最后对后备人才的培养路径提出了建议。以建设体育强国作为研究背景,结合健康中国发展战略,扩展了以往就体育论体育的狭隘研究视角,基于系统论等理论探讨了政府等多元主体在后备人才培养改革中的定位分工,为竞技体育后备人才培养改革、丰富体育强国建设理论提供一定的理论借鉴和参考价值。

2　中国竞技体育后备人才培养模式的演化与现状

2.1　演进历程

中国竞技体育后备人才培养方式的产生和发展总是与特定的历史环境紧密相联的，中国不同发展时期的政治、经济、社会、文化和体育等因素共同决定了该时期内竞技体育后备人才培养的表现形式和采取的政策措施。"少年强，则国强"，中国竞技体育后备人才培养所涉及的外延和内涵绝不仅仅局限于竞技体育一隅。从较为狭隘的研究视角来看，后备人才可以理所当然地被理解为竞技体育的人才基础，是支撑高水平竞技体育的"隐性"部分。但从更为广泛的意义上来看，竞技体育后备人才的内涵还应该更加丰富些，还应该包括群众体育与竞技体育交叉的"基础"部分，同时也应该涵盖青少年体育中具有示范和引领作用的"提高"部分。因此，对中国竞技体育后备人才发展历程的审视，必须跳出单一的竞技体育视野，而将其纳入到整个中国体育的发展过程中去分析。本研究从历史分期的角度，将竞技体育后备人才培养界定为以下四个发展阶段。

2.1.1　起步探索阶段：构建培养体系的萌芽（1949—1977）

2.1.1.1　社会背景

自20世纪中叶起，中国进入了国家建设迅速发展的时期。1949年10月1日中华人民共和国的成立，向世界宣告中国人民从此站起来了，体育同其他各项事业共同开始创基立业，进入了一个快速发展的阶段。在全面分析了中华人民共和国成立初期国内外形势后，党中央和中央人民政府确定将增强人民群众体质健康水平作为体育的首要任务，毛泽东主席高瞻远瞩地提出了"发展体育运动，增强人民体质"的号召，确定了"结合实际情况，开展群众性的体育运动，并逐步使之普及和经常化"[①]的体育方针。在1959年的《政府工作报告》中，这一方针被调整为"应当贯彻执行普及和提高相结合的方针，广泛开展群众性的体育运动，逐步提高我国的体育水平"。面对中华人民共和国成立的强大发展驱动力，体育事业在飞速成长的过程中，也出现了一些问题。例如，中华人民共和国成立初期人们在思想上存在"抓提高是为少数人服务，属于资产阶级锦标主义思想"的片面认识；再如在20世纪50年代末，受"大跃进"影响，体育界同样提出了过高的、脱离实际情况的发展指标任务。从20世纪60年代开始，随着国民经济情况的转好，"国家体委的工作重点逐步转向运动训练，建立了适应我国国情的运动训练体系"[②]。1966年开始的"文化大革命"给刚刚起步的新中国体育带来极大破坏，但"群众体育得到了'畸形'的发展"[③]，在城市青年"上山下乡"运动中"兴旺"起来。

2.1.1.2 政策措施

1949年9月30日通过的《中国人民政治协商会议共同纲领》中规定，要"提倡国民体育"和"注意保护母亲、婴儿和儿童的健康"，这是新中国体育事业发展的最初法律依据，确立了体育在新中国国家发展格局中的性质和地位，其中强调优先发展群众体育成为早期中国体育事业的一个显著特征。1951年，中华全国体育总会筹备委员会颁发《国家体育选手条例》，规定了国家选手的基本条件、享有权利和承担义务，为后来制定等级运动员制度打下了基础。而中国体育事业开始由重视普及转向重视提高则最早可以追溯到1952年，作为参加第15届赫尔辛基奥运会的前期准备工作，中共中央组织部和共青团中央联合颁发了《选拔各项运动选手集中培养的通知》，该通知明确指出基础较差的竞技体育与国家地位严重不相称、亟须改变，"必须使普及与在适当范围内提高运

---

① 国家体委政策研究室.体育运动文件选编（1949—1981）[M].北京：人民体育出版社，1982：17.
② 侯京卫，等.试论科学发展观下我国竞技体育与群众体育的关系[J].体育科学研究，2005，9（1）：4-7.
③ 刘青，等.体育强国建设进程中的体育体制改革[M].北京：人民体育出版社，2015：40.

动水平相结合"[①],消除了人们当时对体育工作中"抓提高"的思想顾虑。"普及与提高相结合"方针的正式出台则是在1959年的政府工作报告中,里面明确完整提出了"在体育工作中,应当贯彻执行普及和提高相结合的方针……逐步提高我国的体育水平"。

1952年国家队的前身"中央体训班"成立,随后省体工队的前身——省级"体训班"也陆续在各地建立起来。从1951年开始,在大约5年的时间里完成了篮球、田径、乒乓球、游泳、羽毛球、体操、排球等项目国家队的组建工作。而从1956年开始,与竞技体育及后备人才培养相关的一系列规章制度和管理办法也密集出台,如《中华人民共和国运动竞赛制度的暂行规定》(草案,1956)、《中华人民共和国运动员等级制度条例》(草案,1956)、《中华人民共和国裁判员等级制度条例》(草案,1956)、《关于各级运动会给奖方法的暂行规定》(1957)等。特别需要指出的是,从1956年起,中国开始仿照苏联模式在全国建立各级青少年业余体育训练学校,并颁布了配套实施的《青年业余体育学校章程》(草案,1956)和《少年业余体育学校章程》(草案,1956)。至此,中华人民共和国成立初期实行的在群众中进行层层选拔的竞技体育后备人才培养方式逐渐被各种业余体校和专业队所取代[②],形成了中央政府体育管理体制下的竞技体育专业化培养的萌芽和发端。

在经历了"大跃进"和三年自然灾害后,党中央适时提出了"调整、巩固、充实、提高"的"八字方针",作为对这一方针的贯彻落实,原国家体委不但对高水平优秀运动队进行了精简,还对后备人才培养环节进行了调整。在20世纪60年代前期对全国青少年业余体校数量精简的基础上,1963年提出了着重巩固提高并略有发展的工作思路,划定了全国范围内350所青少年业余体校的红线。1964年颁布了《青少年业余体育学校试行工作条例》(草案),规范了青少年业余体育学校开办的各项标准,在实践中起到了积极的政策导向作用。及至1965年,中国已经基本形成了由基层业余体校、重点业余体校、中心业余体校和专业运动队所组成的,环环相扣的三级竞技体育后备人才培养体系的框架轮廓。此后历时10年的"文化大革命"使新中国遭受到巨大的破坏和灾难,

---

[①] 熊晓正. 从"普及与提高相结合"到"各类体育协调发展"[J]. 体育文史,1997(5):16-20.
[②] 周莹,等. 我国竞技运动训练发展研究[J]. 体育文化导刊,2011(7):65-68.

体育事业各组成部分中除了农村体育呈现出不正常的"兴盛"以外，竞技体育及后备人才培养工作均受到严重的破坏。值得一提的是在1971年4月，美国乒乓球队到访中国，开创了"小球转动了地球"的体育外交先河，这不但是中华人民共和国成立以来第一个到访的美国体育社会团体，也为封闭已久的中国体育在日后恢复国际交流活动揭开了帷幕。

2.1.2 调整巩固阶段：竞技体育优先发展战略的确立（1978—1992）

2.1.2.1 社会背景

从1966年开始历时十年的"文化大革命"给中国带来惨痛的代价，刚刚初具规模的体育事业遭受严重破坏。人民群众将拨乱反正、整顿社会秩序、恢复经济发展的重担寄希望于新的中央领导集体。1979年2月，原国家体委根据党的十一届三中全会精神，召开了全国体育工作会议，明确提出了工作重点要向体育业务工作上转移，并确定了"普及和提高相结合的前提下，侧重抓提高"的指导方针，这是继1959年国家再次做出了体育事业发展中要"侧重抓提高"的战略部署。特别是经过了1978年、1979年、1980年三次全国体育工作会议后，以竞技体育为中心的举国体制正式形成，奥运战略初现端倪。随着1979年中国正式恢复国际奥委会合法席位及受到1984年洛杉矶奥运会辉煌成绩的激励，奥运战略地位不断突出，"侧重抓提高"成为体育发展的重大战略措施。从20世纪80年代中期开始，及至1992年召开的"红山口会议"，体育在中国大地掀起体制改革热潮的背景下，也围绕体育社会化开始了在竞技体育后备人才管理方式、项目布局、训练开展、竞赛体系、科技服务等领域的改革探索。但从整体上来看，更多地表现为由中华人民共和国成立初的"群众体育优先"向"竞技体育优先"方向转变的发展态势。

2.1.2.2 政策措施

1979年3月29日，国家体委下发了《1979年全国体育工作会议纪要》，这个文件将"大力加强业余训练，加速培养优秀运动员后备力量"作为四项主要任务之一，要重点"在大中城市建立健全起训练网络"。需要注意的是，第四届全国运动会的召开和备战即将举行的1980年莫斯科奥运会是该文件产生的主要背景，同时还面临着1984年洛杉矶奥运会的准备工作。因此，当时更多地是强调"把解决运动技术落后的薄弱环节作为体育工作的重点"，是"国家体委继1959年再次做出了省以上体委侧重抓提高的战略决策"[①]。1980年的全国体育工作会议全面总结了中华人民共和国成立以来的体育工作，制定了中国在1980年莫斯科奥运会与1984年洛杉矶奥运会上的量化排名任务，提出"在80年代根本改变我国运动技术水平的落后状况，使我国体育在全世界大放异彩"[②]的发展目标。在其后上报给中共中央的请示报告中，建议将加速提高运动技术整体水平作为体育工作的主要任务，从第五届全运会开始按照奥运会项目设项，在训练体制上将优秀运动队、业余体校和学校运动队作为一、二、三线队伍配置，并在项目布局等方面进行优化调整。这些政策举措确立了竞技体育适度超前发展的指导思想，堪称中国最早的"奥运计划"雏形。

经过了以上调整和改进，中国竞技体育举国体制的作用收到了更加显著的效果。在1982年第9届新德里亚洲运动会上，中国代表团以61枚金牌的成绩取得了金牌、奖牌双料第一的成绩，实现了冲出亚洲的目标。在1984年第二十三届洛杉矶奥运会上，又取得了15枚金牌、8枚银牌、9枚铜牌及位列金牌榜第四名的佳绩，令国内民众无比振奋，令世界为之瞩目。同时期内，中国女排自1981年在世界女排大赛中取得连续5次问鼎冠军的伟大战绩，也为80年代竞技体育的腾飞增添了浓重的一笔。在竞技体育的高歌猛进中，中国体育开启了自改革开放以来的第一次重大改革。1984年10月5日中共中央发出《关于进一步发展体育运动的通知》，该文件对竞技体育后备人才培养给予了高度重视，指出"要完善多渠道、多层次的体育人才梯队，改革训练和竞赛体制。对做出优异成绩的运动员、教练员等，要给予精神鼓励和物质奖励，其中有特殊贡献的，应予重奖。要妥善安排退役的优秀运动员，给予他们进体育院校，师范体育系科和其他专业学校深造的机会，将他们培养成合格的体育教师、教练员、科研人员和体育干部等"[③]。为了贯彻中央的决定，1986年原国家体委发布了《国家体委

---

① 崔乐泉，等.中国体育思想史（现代卷）[M].北京：首都师范大学出版社，2008：164.
② 国家体委政策研究室.体育运动文件选编（1949—1981）[M].北京：人民体育出版社，1982：141.
③ 中共中央.关于进一步发展体育运动的通知[Z].1984.

关于体育体制改革的决定（草案）》，要求"建立科学的训练体制，形成多形式、多渠道和多层次的运动人才梯队"，强调"省优秀运动队应以个人项目为主，集体项目逐步向城市、厂矿企业和大专院校过渡，使原来单一的省优秀运动队这一形式有所突破"[①]。在竞技体育硕果累累的同时，全民健身事业的发展也在逐步提升。在1987年第二届全国体育战略发展研讨会上，国家体委第一次提出协调发展的战略方针，强调"以青少年为重点的全民健身战略"和"以奥运会为最高层次的竞技体育战略"两者要协调并重，不能失之偏颇。与贯穿20世纪80年代中前期竞技体育的光彩夺目相比较，1988年的"兵败汉城"在让国人唏嘘不已的同时，也清醒认识到了与世界竞技体育强国相比，自身还有极大的差距。

2.1.3 持续改革阶段：两个战略协调发展和社会化改革的转变（1993—2011）

2.1.3.1 社会背景

进入20世纪90年代以来，特别是邓小平同志视察南方讲话发表之后，中国的改革开放进入了新的发展阶段。党的十四大明确提出了"社会主义市场经济"理论，做出了建立社会主义市场经济体制的决定，为体育事业深化改革奠定了思想和理论基础。在这种大的时代洪流中，原本就具有计划经济烙印的体育事业开始触碰深化体育改革的核心问题，不断从体制机制的层面，对组织架构、职能定位、使命目标、手段方式等进行"自我改良"，在1998年的国务院机构改革中，原国家体委改组为国家体育总局，由最早国务院的组成部门改变为直属机构。与此同时，由于有着国民经济持续快速发展作为经济基础保障，体育事业的外部发展环境和各项物质条件逐步得到改善，参加体育活动的人数不断增长，居民的体质和健康水平有了很大提高，人民群众对体育的认知更加深刻、需求呈现更加多元化。特别是随着2008年北京奥运会的成功举办，更是将中国体育事业整体上推向了一个历史高峰。

[①] 郝勤. 中国体育通史（第六卷）[M]. 北京：人民体育出版社，2008：136.

2.1.3.2 政策措施

随着中国改革开放的发展，1993年下发的《国家体委关于深化体育改革的意见》提出了20世纪90年代体育改革的总目标，其中关于竞技体育后备人才培养部分仍然与80年代的提法有类似的地方，即"鼓励和扶持社会各行业、企业、高校、社会团体办优秀运动队"，但在组织形式上新增加"高水平体育俱乐部"的字样，同时突出强调了"中初级业余训练要扩大训练面，有些可办到有条件的普通中小学去"。在运动训练经费方面也出现了分类管理的新变化，要求在整体上改变以往全部由国家包办的方式，中初级阶段的竞技体育后备人才培养可结合地区和项目特点，灵活采用自费或部分收费的办法，高级阶段的运动训练仍然保留国家投入的部分，但要积极扩大社会资金投入比例，并适当引入个人风险机制。该文件确立20世纪90年代体育体制改革的基本方向，其中体育社会化、产业化的发展理念反映了当时社会主义市场经济对体育管理方式改革的要求。需要关注的是，从1993年第7届全运会开始，国家将全运会的举办时间调整为奥运会举办后1年举行并同时改革了计分办法，全运会服务奥运战略的作用更加明显并富有成效，国家队也从1994年开始逐渐尝试探索集中与分散相结合的组建形式。据相关统计表明，在1996年底时，全国有运动技术学院20余所、体育运动学校136所，开展了高水平运动员试点工作的高校有57所、中学有280所[①]。在2000年第27届悉尼奥运会和2004年第28届雅典奥运会上，中国队连下两城，历史性地进入奥运金牌榜的第三位和第二位，均创造了当时中国在奥运金牌榜排名的历史最好成绩。

在1995年，国家相继颁布了《全民健身计划纲要》《1994—2000年奥运争光计划纲要》和《中华人民共和国体育法》3个重量级的体育法规，这标志着中国体育事业在法制化发展方面进入了一个新的历史阶段。其中，《1994—2000年奥运争光计划纲要》是国家发展竞技体育的一项重大战略决策，体现了市场经济和国际竞技体育发展的需要，里面明确提出了"实施2000年后备人才工程"的发展举措。《中华人民共和国体育法》确立了依法治体的基本方针，要求"国家鼓励、支持开展业余体育训练，培养优秀的体育后备人才"。进入21

---

①熊晓正.我国竞技体育发展模式的研究［M］.北京：人民体育出版社，2008：33.

世纪后，有两个文件最具指导意义。一个是《中共中央国务院关于进一步加强和改进新时期体育工作的意见》（2002），指出"要认真抓好业余运动队伍训练，注意发现和培养新的人才……要研究制定非职业化运动队优秀运动员退役就业安置的政策措施"。另一个是《中共中央国务院关于加强青少年体育增强青少年体质的意见》（2007），强调要进一步加强青少年体育、增强青少年体质。国家体育总局在2010年新成立了青少年体育司，这既是对国家日益重视青少年儿童身体素质的回应，也反映了体育事业发展的新的趋势。

2008年北京奥运会是中国给世人奉献的一届"无与伦比"的奥运会，中国代表团也取得了金牌榜第一名的历史最好成绩，这不但是中国体育发展的一个光辉里程碑，同时标志着中国体育开启了新一轮的改革和变化。胡锦涛总书记在北京奥运会、残奥会总结表彰大会上提出了"向体育强国迈进"的新蓝图，并指出"加强竞技体育后备人才培养工作"是其中的一项重要内容。在"前7后3"的奥运效应时期里，服务于奥运战略的竞技体育举国体制占据主导地位，在对北京奥运会进行总结时，"坚持发挥举国体制作用"[①]被评价为重要因素，并在此后连续5年的全国体育局长会议报告中，均出现"坚持和完善举国体制"的字样。在此期间，对运动员文化教育和保障的呼声日益强烈，《关于进一步加强运动员文化教育和运动员保障工作的指导意见》（国办发〔2010〕23号）就是为有效解决这一问题而颁布实施的。

2.1.4 深化发展阶段：体育发展进入新的"快车道"（2012至今）

2.1.4.1 社会背景

从党的十八大开始，在以习近平总书记为核心的党中央的正确领导下，治国理政水平不断迈向新的台阶，政府治理和社会发展都要求体育事业必须进行新的变革，体育事业发展的着眼点开始向实现"两个一百年"奋斗目标、实现中华民族伟大复兴"中国梦"对标看齐，党的十八届三中全会做出的全面深化改革的决定加速了体育事业改革的步伐，构建公共体育服务体系成为政府体

[①] 胡锦涛.在北京奥运会、残奥会总结表彰大会上的讲话［N］.人民日报，2008-09-30.

育职能发展的主要方向，市场起决定性作用和经济发展转型升级带来了体育产业发展的重大契机，中国足球协会改革加速了体育社会组织的实体化。特别是2015年《中共中央关于制定国民经济和社会发展第十三个五年规划的建议》颁布后，"发展体育事业，推广全民健身，增强人民体质"成为新时期体育的指导方针，全民健身、体育产业、健康中国成为当前及今后相当一段时期内体育事业发展的"关键词"。

2.1.4.2 政策措施

北京奥运会的成功举办也极大地促进了全民健身事业的发展，在其筹备阶段就明确提出了"全民健身与奥运同行"的理念，体育成为"健康文明生活方式"的集中表现。与此同时，建设公共服务型政府的改革要求，也使政府体育行政部门越来越多地将关注点聚焦在全民健身方面。2009年8月30日《全民健身条例》颁布，以法规的形式明确提出"公民依法参加全民健身活动的权利"，对我国全民健身的目的任务、活动方式、保障措施及相关法律责任做出了具体规定。此后，连续发布了《全民健身计划（2011—2015年）》《全民健身计划（2016—2020年）》及其配套的《关于贯彻实施〈全民健身计划（2011—2015年）〉推进落实部委职责分工的函》《"十二五"公共体育设施建设规划》《关于加强大型体育场馆运营管理改革创新提高公共服务水平的意见》《社会体育指导员管理办法》《社会体育指导员发展规划》《建立全民健身志愿服务长效化机制工作方案》等规划文件，积极推动各级政府履行全民健身职责，各种类型的体育公园、体育健身广场、全民健身活动中心、户外营地、社区运动场、健身步道等新服务、新产品不断涌现。2014年10月颁布实施的《国务院关于加快发展体育产业促进体育消费的若干意见》，更是将全民健身上升为国家战略，为全民健身事业赢得了更大的发展空间。2016年8月26日中共中央政治局审议通过了《"健康中国2030"规划纲要》。在健康中国和全民健身双重国家战略叠加的重大机遇面前，全民健身成为体育事业发展中最优先、最重要的部分，真正达到"发展成为一个家喻户晓的'体育品牌'，也汇聚成一种巨大的社会文化运动"[1]的理想状态。

---

[1] 卢元镇.中国体育文化忧思录［M］.北京：北京体育大学出版社，2006：6.

在进入新的发展机遇期，国家尤为重视转变青少年体育发展方式，形成新的青少年体育普及与提高相结合的发展模式。在2008年北京奥运会后，国家提出了进一步由体育大国向体育强国迈进的目标。鉴于体育强国是世界范围内对不同国家体育发展水平的评价，这就意味着竞技体育的发展要走国际化道路，要走在国际发展前沿，竞技体育后备人才的培养相应也需要走国际化道路。在"十二五"期间，国家体育总局先后发布了《奥运争光计划》《青少年体育十二五规划》《奥运项目竞技体育后备人才培养中长期发展规划》等一系列政策法规。近些年又先后从国家层面颁布了《国务院关于加快发展体育产业促进体育消费的若干意见》（2014年）、《中国足球改革发展总体方案》（2015年），这些举措为推动竞技体育后备人才培养，探索新的发展路径指明了新的方向。

2.2 培养路径

2.2.1 专业化培养路径

2.2.1.1 专业化培养路径的含义

所谓竞技体育后备人才培养的专业化路径，是指主要以政府部门的财政投入为主，并借助于传统的"三级训练网"体系，完成竞技体育后备人才培养的过程。从所采取的培养手段和方式上来看，这一路径更加依赖于传统竞技体育"举国体制"中的资源配置方式与获取渠道，但又与以往计划经济体制下的运动员培养方式有所区别，不再以获取金牌作为唯一的目标，而是同时将运动员的文化教育和竞技技能学习有机结合起来，开始强调了运动员的社会价值实现的重要性。因此，现代专业化路径是传统"举国体制"下竞技体育后备人才培养方式的最直接"继任者"。该路径主要适用于那些市场化程度低，个人或家庭、企业和社会体育组织都不愿介入的运动项目，如射击、击剑、举重、柔道等项目。

2.2.1.2 专业化培养路径的特点

高效性。通过在一定范围内集中有限资源来实现对某一运动项目竞技水平的提高，这既是传统"举国体制"的典型特征，同时也是专业化培养路径的主要特征，其优点在于可以充分发挥原有竞技体育管理体制的优势，充分调动有限的资源配置，以有效实现专业竞技人才的培养过程。

节约性。在中国经济尚不十分发达的客观条件下，能否科学合理地利用原有运动员培养的"专业化"体系，并将其优越性最大限度的发挥出来，在一定程度上也是中国竞技体育后备人才培养得以实现健康和可持续发展的一个重要因素。

稳定性。"任何一个国家或民族都不会轻易放弃国际竞技体育的争夺，无论这一争夺发端于意识形态，还是植根于民族主义；无论处于政治目的，还是未来满足社会文化需求。"[1]在一段时期内，以专业化培养路径的方式来进行一部分运动项目运动员的培养，的确是中国竞技体育整体实力保持和发展的最佳选择。

2.2.2 职业化培养路径

2.2.2.1 职业化培养路径的含义

竞技体育后备人才培养的职业化路径是中国竞技体育与社会主义市场经济体制建设高度统一和适应的重要工作，其要义在于让市场在竞技体育资源，特别是在后备人才培养的资源配置过程中发挥决定性作用，通过市场这只看不见的手，将运动员、教练员、场地器材、资金、信息等资源要素投入产出最高的运动项目上去，并在这一过程中不断减少政府对竞技体育后备人才培养的微观管理行为，真正实现由微观、宏观"双肩挑"向单纯的宏观管理转变。该路径适合那些市场开发比较好、群众基础雄厚、观赏性强和发展潜力大的运动项目，如足球、篮球、赛车、网球、高尔夫、斯诺克等运动项目。

2.2.2.2 职业化培养路径的特点

市场性。市场经济的最大特点就在于资源配置的自由流动，反映在竞技体

---

[1] 卢元镇. 2008年后的中国体育[J]. 体育文化导刊，2005，11（10）：12-14.

育后备人才培养方式上也同样如此，通过市场的导向作用，各类后备人才资源可以最大自主性地选择所要流向的方向，实现利益最大化。

变革性。传统"举国体制"下，竞技体育后备人才的培养均由国家统包统揽。面对市场经济的高速发展和竞技体育商业化浪潮，政府职能和角色不断受到挑战，对竞技体育后备人才培养政策也提出了新要求。在这一变革的过程中，政府在职业运动员后备人才的培养方面也开始不断加大政策投入，宏观调控能力得到加强，并不断地在政府干预和俱乐部的"自治权"方面寻找新的平衡点。

渐进性。可以预见，在中国社会主义市场经济深入发展的过程中，职业化培养途径将会成为未来中国竞技体育后备人才培养的主要选择和发展方式。

2.2.3 院校化培养路径

2.2.3.1 院校化培养路径的含义

竞技体育后备人才的院校化培养是指，通过依托普通高等院校的教育资源和体育资源，招收培养具有一定资格的青少年运动员，这是中国现阶段体教结合的一个亮点，可以实现竞技体育后备人才竞技技能培养和人的全面发展的真正统一。院校化培养并没有严格的限制范围，在具体运动项目的选择上，主要取决于所在院校的体育传统优势和所处区域群众偏好，以及是否具有该项目的师资力量等方面的条件等。

2.2.3.2 院校化培养路径的特点

全面性。充分的体教结合与较高水平的竞技技能是院校化培养的优势所在，竞技体育后备人才在培养上不再只以提高竞技成绩作为单一目标，更加强调后备人才在各方面素质的综合养成，注重人的全面发展。

科学性。现代竞技体育的实质是不断突破人体所能达到的极限值，这一目标的达成必须建立在科学训练的基础之上。普通高等院校集教学、训练、科研于一身，有着强大的智力支持和科研优势，可以充分满足这一要求。

持续性。竞技体育后备人才培养不能闭门造车，训练出只懂运动技术的

"比赛机器",要着眼于整个竞技体育事业的可持续发展,首先就要实现后备人才培养的良性发展。纵观世界各体育强国,均将后备人才培养的持续性建立在全面的教育基础上。

2.3 培养主体

2.3.1 体工队

体育工作大队是省、自治区、直辖市体委及解放军为培养竞技体育后备人才、攀登世界体育运动高峰,专门设置管理优秀运动队(员)的机构,简称体工队[①]。在传统的以"思想一盘棋、组织一条龙、训练一贯制"方针为指导,依靠三级训练网建立起来的竞技体育后备人才培养体系中,竞技体育后备人才通过三级训练体系的中间层次被招进体工队后,所有的一切事务均由国家统包统揽,运动员只管专心训练,早出成绩,出好成绩。运动员不再是简单的运动员,而是国家工作人员,人事上有国家编制,在退役后由国家负责解决工作安置问题。这种管理制度在中华人民共和国成立初期形成,其中一部分一直延续到现在。经过半个世纪的实践证明,是符合中国特定时期的基本国情的,为中国竞技体育事业的发展做出了巨大的贡献。

体工队往往实行半军事化管理,通过高度集中优质竞技体育资源在短时间内提高竞技体育的发展水平,能解决运动员的后顾之忧,使其安心进行训练,享受最好的训练资源和充分的后勤保障。但从本质上来看,并不利于运动员作为个体的全面发展,在只以运动成绩作为最高评判标准的导向下,运动员只需要专注训练和比赛,文化教育缺失严重,也不具备其他的职业技能,一旦脱离国家兜底的再就业的政策保障,退役后很难融入社会,属于特定时期的产物和现象。

2.3.2 运动技术学院

从20世纪80年代中后期开始,各省、直辖市、自治区的政府体育行政部门

[①] 孙汉超,等.运动训练管理学[M].北京:人民体育出版社,1995:236.

创办了职工体育运动技术学院（简称运动技术学院），并对其进行业务管理。运动技术学院的教学工作接受地方教育行政部门的业务指导，负责开展对优秀运动员进行文化教育。开办这种学校的目的是贯彻原国家体委和教育部在1983年提出的《关于试办职工体育运动技术学院的意见》，通过加强优秀运动队的文化教育工作，使之正规化、制度化、学校化。培养具有社会主义觉悟的、有先进技术水平和大专文化理论知识的教练员、体育教师和其他体育工作者。学制分为半脱产和脱产两种：半脱产为期4年，适宜在役运动员；脱产为期2年，适合已退役待安置的运动员。学生毕业时能达到大学专科水平。[1]

运动技术学院最大的特点是集中所有项目的运动员，统一集中到一个地方训练和学习，这在形式上解决了优秀运动员退役的学历问题，但究其实质仍是体工队模式的延续。应该看到的是，这一培养主体，在一定程度上帮助竞技体育后备人才得到比较全面的发展，同时获得的学历也在竞争水平较低时期有利于运动员的再次就业，如退役运动员可从事体育和教育部门或其他部门的工作岗位，较好地调动了运动员参与训练和竞赛的积极性，实行半军事化管理，运动员在训期间享受国家编制。但由于仍保持原有体工队倡导的以运动训练为主的做法，运动员文化教育往往流于形式，并没有改变"学、训矛盾"的实质，随着20世纪90年代末国家用人制度的改革和各高校的扩招，运动技术学院的成人教育和大专文凭对绝大多数优秀运动员而言已不再具有吸引力。

2.3.3 竞技体校

20世纪80年代以前，在当时中国经济发展落后的情况下，体工队在中国竞技体育后备人才培养中牢牢占据了主导地位，起到了举足轻重的作用。但随着社会主义市场经济的不断发展，体工队本身固有的一些短板无法适应新的社会需求，如运动员文化素质普遍偏低、运动员退役再就业竞争力差、后期训练欲望不强烈等，成为阻碍中国竞技体育发展的问题所在。针对这种情况，1979年经国务院批准，国家体委决定在6所直属体育学院创办附属竞技运动学校（简称体院竞校），为国家备战奥运会培养优秀后备人才。

---

[1] 孙汉超，等.运动训练管理学［M］.北京：人民体育出版社，1995：237.

由于这种培养主体是设置在高等体育院校中，大学的文化氛围有利于学生学习知识和素质养成，良好的教学设施、设备和图书资料为运动员开阔眼界、增长知识创造了良好的条件，体育院校的科研、教学资源也能够促进训练与科研的结合。由于运动员在训练期间一直都坚持文化学习，运动员退役后可以直接考入体育院校本科（甚至研究生）从事专业理论学习，比较有效地解决了运动员文化教育和退役再就业的难点问题。另外，竞技体校还可以在全国各地进行招生选材，选择优秀运动员苗子的范围要比体工队（体校）大，而体工队（体校）基本上是局限在本省、市、县选拔运动员苗子，选择范围比较小。但由于体育院校办学目标和评价体系的多元性，竞技体校在高等体育院校里更多是处于"附属"地位，有时候训练经费更多是要依靠与有关省（市、区）政府体育部门的"联办"获得。与体工队模式相比，训练经费、代表权、运动员工资福利等条件的差异有可能会影响到竞技水平的提高。

2.3.4 高校高水平运动队

高校试办高水平运动队源自《关于部分普通高等学校试行招收高水平运动员工作的通知》（教学字〔1987〕8号），根据通知鼓励在全国范围内选择部分普通高校试办高水平运动队，其性质属于竞技体育后备人才培养的范畴。其招生主要来自五个方面：一是部分专业运动队在役运动员；二是专业运动队退役下来的运动员；三是各省（市、区）各级（含市、州和县）少体校尖子运动员；四是未入选体工队一线队伍的二线运动员；五是体育基础好的普通高中生（通过高考后，学校特招进入）。

目前，高校高水平运动队办队主要分为四类：第一类是与省（市、区）体工队联合合办。大学负责运动员的教学和学籍管理，体工队负责训练、竞赛和生活等。第二类是与体工队形成共建，定期、定向招收部分现役及退役运动员。第三类是整体引进体工队二线队伍，实行"在校、在籍、在训"，如北京理工大学足球队。第四类是自行组办具有特色的运动队，如清华大学跳水队、田径队等。高校高水平运动队办队以第二类和第三类形式为主，第四类形式还比较少，但是运动队成绩比较突出。在这一模式的培养下，涌现出一批高水平的运动员，已经成为高等教育的重要组成部分和实施"奥运争光计划"的重要举措。但由于现行的全国比赛管理办法的限制，高校高水平运动队的参赛资格往往受到很大限制。

2.3.5 职业俱乐部

职业俱乐部是以竞技比赛为主营业务的，以经济利益最大化为主要目的的一种人才培养主体，力求通过最大限度地满足社会对竞技比赛观赏、娱乐的需要来实现企业经济价值和社会价值。职业俱乐部与职业运动员的关系是雇佣与被雇佣的关系，职业运动员通过职业俱乐部的培养，不断参加比赛活动，向社会提供竞技表演服务，从中获取报酬。职业俱乐部依靠职业运动员在竞技场上的表现，实现其经济利益和社会价值。

职业俱乐部培养优秀运动员有其自身的特点。从性质上看，职业俱乐部是企业法人实体，以公司的形式运作，以经济利益为目的。从运动员培养的角度来看，运动员进入职业俱乐部后，所有的费用都是由俱乐部承担，运动员通过训练和比赛（以赛场的表现为主）来获取经济报酬。从两者关系来看，职业俱乐部与运动员只是合同的关系，即雇佣与被雇佣的关系。合同期满后，运动员可以提出申请自由转会，俱乐部也可提前转卖运动员从中获取经济利益。

2.3.6 家庭培养

长期以来，我国优秀运动员的培养都是由国家投资培养的，运动员入选体工队、国家队以后，从运动员的生活费用到训练、比赛开支，都由国家承担，优秀运动员享受国家工作人员待遇。但随着社会经济的发展，国家包办培养运动员的方式已经与时代发展不相适应，家庭出资培养优秀运动员的现象在我国日渐增多。该培养方式是由个人和家庭出资，从聘请教练到外出比赛，一切费用均由个人和家庭负责，最终实现通过比赛获取竞赛奖金的一种竞技体育后备人才培养模式。家庭培养模式完全脱离了传统的三级训练体系，是完全依靠个人和家庭的投资培养精英运动员的一种新方式。

家庭培养的方式坚持"谁投资、谁受益"的原则，训练和比赛经费由个人、家庭承担，是否参加比赛也由自己负责和决定，运动员通过参加比赛获取比赛奖金，弥补在训练和参赛过程所花的经费，运动员成名后所获得的巨额经济收益不用上缴并与国家分享，使个人、家庭比较愿意投资培养优秀运动员，但也存在一定风险。个人家庭出资培养竞技体育后备人才的方式目前仅集中在少数市场化程度较高的非奥运项目，如台球（斯诺克）、围棋、高尔夫等项目上。

2.4 发展障碍

2.4.1 经济社会发展带来的挑战

随着中国改革开放的不断深入，原来计划经济时期延续下来的以国家投入为主的培养方式出现了一定程度上的不适应。从文化教育的角度来看，中国竞技体育后备人才的学历教育仍然主要集中在各类体育运动学院、业余体校和高等体育院校附属竞技校，多数属于中专层次教育，已经不能满足现代社会对高素质人才的需要。从就业的角度来看，充分的竞争环境和大量的就业机会冲淡了体育行业的吸引力，人们不会再像从前那样通过体育训练来为自己谋求一份体制内的稳定工作了。从培养对象来看，"00后"已经成长为现阶段竞技体育后备人才培养的主要目标人群，其中很多青少年缺乏吃苦耐劳精神，加之家长们望子成龙的心态，促使愿意从事较为艰苦体育训练的适龄儿童越来也少，同时很多有体育天赋的青少年也会中途选择其他更好的发展道路。从政府机构设置来看，开始于20世纪90年代末的政府机构改革，极大地冲击了区县级以下的体育行政管理机构，合并或撤销后引发的结果就是基层业余训练规模锐减，元气大伤。

2.4.2 传统业余体校办学日趋艰难

受社会外部环境和自身改革滞后等因素的影响，业余体校面临着招生难、出路难、就业难、基层业余训练规模萎缩的严重挑战。由于就业渠道不畅，已经形成了传统业余体校办学"进口"与"出口"双难的恶性循环。同时由于多数业余体校没有纳入同级政府财政预算，其编制、经费难以得到有效保证。很多地方的基层业余体校长期游离于教育系统之外，不能享受到教育系统中同类学校的优惠政策与经费投入，又进一步导致师资队伍水平低下，教学训练设施陈旧落后，最终导致相当一部分基层业余体校被撤销，一部分与教育系统学校合并，一部分采取分散走读的方式，变成了完全的业余性质。

2.4.3 经费来源渠道单一、投入严重不足

竞技体育后备人才培养经费投入不足是制约发展的一个关键问题。基层业余体校办学经费缺口巨大，体育运动学校与区县级体校概莫能外。部分地区的区县级少体校和市级体育运动学校事业费未列入财政预算，体校工作人员待遇普遍偏低，教练员无日常训练补贴、无服装补贴，运动员学生无伙食补贴，无法有效吸引、留住优秀师资教练。从整体上看，竞技体育后备人才培养经费投入不均匀、投入渠道单一、投入数量不足，严重地制约着中国竞技体育后备人才培养的可持续发展。

2.4.4 缺少高水平科学训练

随着国际竞技体育水平的普遍提高，竞技体育的比拼日趋激烈，科学化训练成为竞技体育发展的关键因素。由于在竞技体育体制和机制方面的原因，特别是现有竞赛制度下，基层培养单位、运动队与教练员利益分配的评价指标依然以竞技成绩为主，"金牌至上"的观念催生"揠苗助长"的现象普遍存在。同时，多数基层教练员知识结构简单，执教水平有限，科研意识薄弱，不能及时学习和接受新的训练方法，因循守旧。另外，由于缺少必需的专业设备来保障科学化训练，也是制约中国竞技体育后备人才培养中训练科学化水平较低的重要原因。

2.4.5 人才无序流动问题较为严重

健全的竞技体育后备人才流动机制是发挥地区优势、促进区域人才培养合作的有效途径，为此，国家体育总局出台了一整套相关政策加以规范。但在实践中，竞技体育后备人才无序流动问题较为严重，如传统体育大省的辽宁、山

东等省市的优秀后备人才大量流失，极大损害了这些地区培养单位的利益和积极性。而经济发达地区如上海、广东等地则成为重点流入省份，在这些地区不同程度地存在"培养运动员不如购买运动员"的思想，导致上述地区往往轻视基础训练环节，对自身梯队建设十分不利。同时，这种无序流动也会引发地区间竞技体育后备人才培养的恶性竞争，增加了比赛中冒名顶替、虚报年龄等异化行为的发生，给培养单位和流入单位都会带来诸多不良后果，从而在整体上影响中国竞技体育后备人才培养的良性发展。

3 国外竞技体育后备人才培养的借鉴与启示

竞技体育作为衡量一个国家体育事业发展水平的显著标志，其重要作用不言而喻。而建立起适合本国国情、符合竞技体育发展规律的后备培养方式则成为世界竞技体育强国长盛不衰的根源。纵观世界体坛，由于历史、文化、政治、经济和社会背景的不同，每个国家所采取的培养方式存有差异。通过对比、分析世界范围内的不同国家，可以为中国竞技体育后备人才培养的变革提供有效借鉴，从而有效地解决在经济体制转轨过程中产生的诸多人才培养问题。

3.1 美国

美国凭借其超强的综合实力和雄厚的人才储备奠定了自身在当今体坛头号竞技体育强国的地位，市场机制在竞技体育后备人才培养中充分发挥作用，将政府的作用限定在最小范围，形成了学校体育、体育俱乐部等全方位、多渠道培养竞技体育人才的特点。

3.1.1 主要形式

美国作为典型的市场经济国家，采用的是依托市场经济的社会主导式管理，这也是美国竞技体育后备人才培养的制度基础，在竞技体育管理方式上表现为一种"社会管理型"的特征。在美国的政府部门序列中，并没有设置专门负责管理体育事务的机构，政府不直接参与体育事务的管理，虽然设有"总统健康与运动委员会"，但只是一个旨在促进大众体育的咨询性机构。真正承担其管理体育任务的是各种类型的社会体育组织，主要包括美国国家奥委会、各单项运动协会、各职业俱乐部联盟和美国大学体育联合会（NCAA）。美国优秀运动员的培养正是在这种依靠市场力量、通过社会组织实施的大环境中逐渐形成和发展起来的。

美国的学校体育课程从小学开始就异常丰富，内容生动有趣，形式多种多样，除了足球、篮球、网球等常规项目外，还有各种各样的兴趣班。美国青少年的课外体育活动可以分为校外体育运动、体育俱乐部、校际竞赛等形式。校外体育运动是指青少年在学校以外的场所，如社区、广场等地进行的体育运动锻炼。体育俱乐部是按青少年的运动兴趣把学生组织起来进行的训练和比赛。校际间的竞赛则包括多所学校的学生进行混合练习，以及学校与学校之间举办的各级各类体育竞赛。美国大学竞技体育在整个美国竞技体育中占据着重要的地位，竞技体育已经成为高等院校办学的重要组成部分。在美国大学体育联合会（NCAA）的带领下，已经形成了一套完善的管理制度和运行机制。

3.1.2　主要经验

第一，政府的主导作用。美国非常重视国民体质健康问题，政府在青少年体育的发展过程中起主导作用。体育锻炼和健康知识是预防和治疗疾病的最重要手段[1]。所以，美国政府加大了对体育教育和体质健康监测的管理力度，政府体育和教育部门长期致力于青少年体育促进工作。

一方面，政府通过制定青少年体质健康管理的政策来引导青少年参与体育。早在20世纪50年代中期，青少年体质检测结果就引起时任总统艾森豪威尔与美国政府的高度重视，并很快把这事件定位为国家危机。其后多位美国总统都十分重视国家青少年体质健康问题，制定了一系列的政策来鼓励美国人民参与体育锻炼。为此还设立了各种奖项（如总统积极生活方式奖）来奖励成绩突出和进步显著的青少年。

另一方面，政府部门专门设立青少年体育发展及体质促进的相关机构。美国教育部门通过AAHPERD（健康、体育、娱乐和舞蹈联盟）制订了《美国青少

---

[1] Courtney J, et al. Vascular risks and management of Obesity in children and adolescents. Vasc Health Risk Manag, 2006, 2（2）：171-187.

年身体素质测验标准》。AAHPERD及其下设的协会和分支机构，独立自主地开展青少年体育发展和学生体质健康研究。他们的研究成果为美国国家和各州体育标准的制定提供了方向和依据，为美国青少年体育发展提供知识和技术支持。PCFSN（The President's Council on Fitness, Sports and Nutrition，体质、运动与营养总统委员会）长期致力于推进青少年保持积极健康的生活方式，倡导有规律的体力活动和营养均衡的饮食，为青少年体质健康管理工作做出了突出贡献。

第二，强调体育活动参与。体育活动参与是美国青少年体育一个极为重要的组成部分，是提高青少年体质和解决"未来健康问题"的重要途径。青少年体质下降已是世界性的问题，减少静态生活、增加体力活动可以改善青少年的健康状况[1]。美国总统挑战健身计划（the President's Challenge）设立了各种奖项鼓励青少年积极参加体育锻炼，让体育运动成为青少年日常生活的一部分。该健身计划促使青少年通过体育运动改善健康状况。该计划包括积极生活方式计划（Active Lifestyle Program，以下简写为AFP）和总统冠军计划（Presidential Champions Program，以下简写为PCP）。受到各种奖励计划的鼓励，美国青少年大多数的业余时间几乎都是被体育运动占据，他们参加最多的体育活动是棒球、游泳、篮球和美式足球等。

第三，充分发挥社会力量的作用。重视专家组和研究机构。独立专家组和科研机构在美国青少年体质健康乃至国民体质健康管理中发挥关键作用。美国有众多的青少年体育独立研究机构，这些机构有着较高的权威性和独立性，可以保证青少年体质健康和体育教育领域研究结果的客观科学。

一方面，体质测评专家和机构在学生体质测试内容确定、项目设置、体力活动干预等方面，提供充分和科学的信息。位于达拉斯的库珀有氧运动中心设计的ACTIVITYGRAM正为美国成千上万的青少年的体力活动干预和促进工作提供服务，为家长和教师提供良好的参考和帮助[2]。社会专家和组织开发

---

[1] Sigmund A. Anderssen, Ashley R. Cooper, Chris Riddoch. Low cardiorespiratory fitness is a strong predictor for clustering of cardiovascular disease risk factors in children, age and sex. Eur J Cardiovasc Prev Rehabil. 2007 Aug; 14（4）: 526-531.

[2] Sharon A. Plowman, Charles L. Sterling, Charles B. Corbin, Marilu D. et al. The History of FITNESSGRAM ［J］. Journal of Physical Activity & Health, 2006（3）: 5-20.

的CATCH（Coordinated Approach to Child Health）、SPARK（Sports，Play and Active Recreation for Kids）等囊括体育运动基本知识、学校体育课程设计、营养卫生等在内的体育健康教育和课程项目正被越来越多的美国中小学校所采用；另一方面，专家和研究机构发布的青少年体育研究报告，也引起社会的广泛关注，并对学校体育课程设置、学生的体育锻炼和政府决策等产生重要影响。

第四，家庭的积极参与。美国的家庭为美国青少年参加各种体育比赛提供了重要的支持和保障。为了让孩子体验运动的乐趣，培养竞争意识，美国的许多家长都热衷于体育，鼓励孩子积极参加各类青少年体育俱乐部和运动队。家长除了给子女购买参与体育运动所需的装备和器具外，还到现场为子女加油助威或陪伴他们一起参加体育锻炼。一项对美国家庭所做的全国性调查发现有40%的家长经常与他们的孩子一起参加体育运动，还有35%的家长说他们有时候这么做。与之形成鲜明对比的是我国74%的家长从不带孩子运动，近70%的学生放学回家后就不允许出去运动[1]。此外，还有部分家长本身就在社区体育俱乐部中充当了教练员、裁判、组织者、志愿者等角色。

3.2 澳大利亚

由于经济的高速发展、得天独厚的自然环境与气候条件，澳大利亚体育运动的普及程度相当高，成为澳大利亚人生活中不可或缺的部分。在第27届悉尼奥运会上，澳大利亚作为东道主取得了16枚金牌、25枚银牌、17枚铜牌，奖牌总数58枚，金牌总数排名世界第4，一改以往排名落后的局面。这种优异成绩的取得，与澳大利亚联邦政府对竞技体育的重视密不可分，他们从20世纪80年代就开始制定并实施的、以培养参加奥运会为最高目标的运动员精英计划，更是集中展示了澳大利亚在竞技体育后备人才培养方面的成功经验。

3.2.1 主要形式

第一种是学校体育。澳大利亚没有全国统一的中小学体育教学大纲，学校

---

[1] 专家关注青少年体质下滑：新生代手无缚鸡之力［EB/OL］.中国新闻网，http://www.chinanews.com/ty/ty-zhqt/news/2010/03-21/2181334.shtml

的体育健康课在各州大纲规定下由学校教师选择教材、内容、课时和进度等。小学、初中的体育课多采用游戏的形式，让学生通过玩耍对体育产生兴趣，由兴趣培养爱好，由爱好发展特长。"其体育课程不仅让学生学会一些简单的运动技能与方法，而且更注重学生的认知与情感。测评标准中要求学生了解'爱和友谊、接受和安全'，能区分出人们表达友谊、爱，尊重他人身体与情绪等，还要学生能谈论健康的含义和描述健康、比较健康等。"[①]澳大利亚高校体育院系入学录取分数排列第三，仅次于医科院系、法律院系；体育院系的毕业生主要担任体育教师、社区体育俱乐部健身教练及运动队教练。

第二种是体育俱乐部。体育运动在澳大利亚有着相当深厚的群众基础，澳大利亚有各种体育俱乐部3.5万个，涵盖140多个运动项目。为了鼓励广大青少年积极参加体育锻炼，澳大利亚推出了"活跃课外社区"（Active After-School Communities）体育活动计划，有3162所学校、课外活动中心、俱乐部免费为接近20万名学生介绍各式有趣、免费和安全的体育运动和锻炼方式，免费提供体育锻炼的场地和运动指导。政府还为这些学校或俱乐部提供4350万澳元的资助，用于器材的添置及维护[②]。澳大利亚大部分青少年参加了俱乐部不同年龄段的体育训练，运动成绩突出者则会加入学校运动队，继而接受更高水平的专业训练。

3.2.2 主要经验

第一，政府倡导积极的生活方式。澳大利亚青少年体育普及度高的一个主要原因就是政府部门长期致力于倡导积极的生活方式。针对日益增长的青少年肥胖，为了鼓励广大青少年积极参与体育锻炼，澳大利亚卫生与老龄部制定的5~18岁青少年体育推荐建议（Australia's Physical Activity Recommendations for Children and Young People）[③]，其中涵盖了参与体育锻炼的好处，适合青少年

[①] 何鲁伟. 前行、前瞻、前悟——澳大利亚学校体育初探[J]. 中国学校体育，2017（2）：52-53.
[②] Active After-school program gears up for 2011 [EB/OL]. 2010-12-17. http://www.ausport.gov.au/news/asc_news/story_409970_active_after-school_program_gears_up_for_2011.
[③] Department of Health and Ageing. AUSTRALIA'S PHYSICAL ACTIVITY RECOMMENDATIONS FOR 12-18 YEAR OLDS. http://www.health.gov.au/internet/main/publishing.nsf/content/0D0EB17A5B838081CA256F9700136F60/$File/youth_phys.pdf

参与的体育锻炼项目,如何避免久坐、合理膳食等内容,鼓励青少年积极参加体育锻炼。在各种措施的引导和推动下,大部分澳大利亚青少年保持着积极的生活方式。澳大利亚国家统计局公布的统计结果显示,5~14岁的青少年中有63.5%积极参加学校、俱乐部或学会组织的体育锻炼;其中,9~11岁年龄段青少年参与体育锻炼的比例最高,达到70.2%[1]。

第二,完善的场地设施。为了满足民众从事体育活动的需要,澳大利亚各级政府将体育场地设施建设列为重要议程。在《Be Active Australia: A framework for health sector action for physical activity 2005—2010》中还提出了政府部门应该为社区提供必要的参与体力活动的场地及设施的相关规定[2]。值得一提的是澳大利亚体育场地设施的建设更多的是注重实用性和多功能性,鼓励各地区的相互合作,避免体育设施的重复建设[3]。通过各级政府和社会集资等方式,建成了大量适合群众锻炼的体育场地设施。

3.3 法国

法国作为一个文化历史悠久的国度,在高水平运动员培养方面有着独特的方法和体系。从整体上来看,法国政府非常重视竞技体育后备人才的长远利益和可持续发展,采取多种措施与不同的体育机构、社会团体展开合作,致力于对竞技体育后备人才成为一个"社会人"的培养,通过学习教育和就业活动来不断充实、发展运动员的综合素质。

3.3.1 主要形式

在法国,竞技体育后备人才的培养主要由法国青体部、法国奥委会和法国

---

[1] Australian Bureau of Statistics. Sports and Physical Recreation: A Statistical Overview, Australia (Edition2), 2008. http://www.intuitivesolutions.com.au/Downloads/ABS1.pdf

[2] NHPA. Be Active Australia: A framework for health sector action for physical activity 2005-2010 [EB/OL]. http://www.health.vic.gov.au/nhpa/resources/pa_be_active.htm

[3] 周珂,等.澳大利亚体育旅游发展战略对我国体育旅游发展的借鉴 [J]. 北京体育大学学报,2006,12(29):1630-1632.

体育学院等组织共同承担。法国青体部全称为法国青年体育部，属于国家行政机构，由运动体育司、青年体育司、行政管理司和外事司组成，组织与推广体育运动发展是其主要职能，在法国全国的各大区、省都设有直属的分支机构。法国奥委会是所有法国体育组织的代表，也是国际奥委会在法国的代表，共有90个单项运动协会，在与法国青体部的关系上，两者是互不隶属、相互合作的两个平行组织，也属于国家政府机构与社会体育组织相结合的"结合型"体制。法国体育学院是法国最高体育学府，它集中了全国最优秀的运动员和后备人才，于1975年由高等体育运动师范学校和国家运动学校合并而成，下设四个部，分别是高水平运动员部、培训部、运动科学部和医学部。其中培训部负责运动员的文化学习和学历教育；运动科学部分设生理、生化和心理等实验室，进行人体运动指标测量和心理测试；医学部则负责运动创伤康复与治疗。各部目标明确，训练、科研、教学的结合紧密且清晰。学院有三个训练基地，主要针对培养奥运选手、国家队选手和青年选手。法国青体部、法国奥委会和法国体育学院共同致力于运动员的可持续发展。

3.3.2 主要经验

无论是法国青体部、法国奥委会，还是法国体育学院，这些部门在培养运动员过程中，在强调运动员的全面发展的问题上，目标都是一致的，均坚持从就业上保证高水平运动员的长远利益。比如，法国青体部不仅与国防部、内政部、经济部合作为运动员提供帮助，还与800多家公司为运动员签订了保障协议。为了使运动员成功转型，青体部还与教育部进行合作，共有600多家大学进行体育学生的全面培养。法国体育学院培训部则针对运动员的不同情况制定相应的培训计划，其操作流程细致而又科学。在开始基地训练之前，就与运动员签订量身定制的培训计划，从进入基地开始训练，转型培训计划也同时启动[①]。在这种机制下，运动员的培养摆脱了单纯追求冠军和金牌的狭隘观念，使运动员培养朝着"社会人"的方向不断迈进。

---

①国家体育总局干部培训中心.高水平运动训练与管理研究［M］.北京：北京体育大学出版社，2007：189-198.

3.4 俄罗斯

在世界竞技体坛上，苏联一直占据着非常重要的地位，苏联解体后，作为它最大的历史继承者，俄罗斯在国内政治、经济动荡不安的情况下，在竞技体育出现下滑趋势后及时采取对策，在竞技体育后备人才培养上也进行了深刻的思索和卓有成效的改革。

3.4.1 主要形式

苏联一直是世界公认的竞技体育强国，从1952年赫尔辛基到1992年巴塞罗那共10届夏季奥运会里，7次获得金牌总数第一名，3次获得金牌总数第二名。在优异成绩的背后，苏联在优秀运动员培养方面的举国体制发挥了重要作用。作为苏联竞技体育资源的最大继承者，俄罗斯在优秀运动员培养方面，仍然很大程度上沿用了过去苏联的培养体系，即由专项奥林匹克后备力量青少年竞技运动学校、高水平运动技术学校、奥林匹克后备力量学校、青少年竞技运动学校和竞技运动职业学校所组成的并覆盖了不同层次的竞技运动学校。在上述学校中，约有250万名青少年运动员在从事奥运项目与非奥项目的训练。作为转型国家，俄罗斯在国家财政困难、竞技体育资源有限的情况下，积极发挥行业、地方行政在后备力量培养中的作用，鼓励各地方设立青少年竞技运动俱乐部来培养竞技体育后备人才。

3.4.2 主要经验

3.4.2.1 重建竞技体育发展的组织体系，为优秀运动员培养提供组织保证

建立起市场经济体制的基本框架，是俄罗斯政治经济改革的目标与方向，随着1991年苏联国家体委的解散，世界上最强大的国家体育行政机构从此告别了历史舞台。取而代之的是1992年《全俄奥林匹克委员会法》和《俄联邦体育教育和运动的管理机制法》的出台，由体育运动协调委员会、全俄奥委会、联

邦体育委员会和国家体育运动基金会四部分组成了新的俄罗斯国家体育管理体系，而作为俄罗斯联邦政府下属的体育运动协调委员会，其职责也被最小地限定在宏观管理的范畴，即制定体育政策，完善相关法律法规并协调各方面关系等。2000年对悉尼奥运会进行总结时，普京总统明确指出，要按照《俄罗斯联邦体育法》重点发展青少年体育，将青少年体育提升到关系国家和民族前途命运的高度。在此背景下，2002年，专门从俄罗斯联邦总统储备金中划拨约1000万元人民币的资金用于扶持俄罗斯青少年体育的发展。2004年3月11日，俄罗斯国家体委被取消，取而代之行使权力的是俄罗斯体育与旅游署，原俄罗斯国家体委主任担任了这个机构的第一负责人[①]。尽管从表面上看，政府体育部门由原来的部变为署，似乎行政级别有所降低，但实质上，这一变化标志着竞技体育发展的主导权开始由俄罗斯国家奥委会向政府体育部门倾斜。随着俄罗斯政治经济状况好转，政府对体育的投入加大，以田径项目为例，最近几年对田径项目的资金投入是以前的3倍多，同时国家队队员每个月领取的总统津贴和其他途径的津贴发挥了强大的物质刺激作用，并由政府召开专门会议，提出了改革少年体校的管理体制，改变由国家拨款的单一体制，积极寻求社会资金和其他合法商业赞助[②]。

3.4.2.2　紧密围绕奥运战略，强化运动训练体系

俄罗斯经济盼望崛起，国民的凝聚力需要外力推动，在这种情况下，发展竞技体育尤其是通过奥运赛场上的优异表现来展示大国力量的回归，就成为俄罗斯政府的不二选择。在2000年悉尼奥运会前半年，俄罗斯国家体委恢复了俄联邦高水平竞技体育运动训练管理系统，成立了名为"运动训练中心"的组织机构，其主要任务是保证国家队的训练成效，实现国家体委与各运动单项协会的密切联系。在2000年悉尼奥运会上，俄罗斯代表团共获得88枚奖牌，在金牌榜和奖牌榜上仅次于美国；在2004年雅典奥运会上，虽然金牌数降至第3位，但仍以92枚奖牌高居奖牌榜的第2位。在雅典奥运会后，俄罗斯政府开始重新重视奥运备战工作。在备战2008年北京奥运会工作中，俄罗斯奥委会提出采取重点

[①] 叶杨. 俄罗斯奥运备战体制的变化及对我们的启示［J］. 体育科学，2005（12）：70-71.
[②] 常利华. 从2006欧洲田径锦标赛看俄罗斯田径最新发展［Z］. 竞技体育信息，2006（10）.

依靠为数不多的几个奥运会竞赛项目的方针,改变从苏联竞技体育中继承下来的依靠广泛参赛和力争参加奥运会所有竞赛项目的比赛方式,从而实现俄罗斯竞技体育大国地位的回归和巩固。

3.5 日本

日本与中国相邻,同处亚洲东部,地理位置相近,并且在生活习惯、社会文化、饮食结构和种族等背景上比较接近。所以,日本在青少年体育发展方面所采取的政策与措施,有着重要的借鉴价值和参考意义。

3.5.1 主要形式

第一种是学校健康教育。日本的学校体育始于明治五年(1872)的《学制》。日本当年的学校体育课称为"休术",翌年改称为"体操"[①]。日本的学校健康教育是通过学校的全部教育活动来进行的。健康教育不只是一门课程或一项活动,而是深入渗透到各门课程的知识学习和学校开展的各项教育活动中。健康教育不只是传授知识,更为重要的是建立健康生活的态度和行动能力。日本现行中小学体育与保健体育课内容包括体育科和保健体育科。从学校体育来看,其内容可以分体操、运动(器械运动、田径、游泳、球技、武道等)和舞蹈三大类[②]。完善的学校健康教育体系促进了日本青少年的基本运动技能和自觉参与体育锻炼的习惯的养成。

第二种是体育俱乐部。日本青少年体育俱乐部以强身健体为根本宗旨,并建有青少年身体机能数据库和运动能力测试数据库,在引导和发展青少年运动竞赛意识的同时,也为竞技体育后备人才选拔提供基本数据参考。

日本政府给予青少年体育俱乐部相当的优惠政策,一方面对青少年体育

[①] 齐建国,等. 国外中小学教育面面观——日本学校体育与健康教育 [M]. 海南:海南出版社,2000:1.
[②] 钟启泉. 日本学校体育的演进及其未来走势——日本教育学者木下百合子教授访谈 [J]. 全球教育展望,2009(6):3-6.

俱乐部免税；另一方面青少年体育俱乐部初创阶段的收入主要以教育和体育部门的购买服务为主。此外，俱乐部通过向会员收取会费、企业冠名或接受社会捐助的形式实现自主运营。日本青少年体育俱乐部的运营大多以租赁或合作的形式进行，租用学校或企业的体育设施及场馆，通过有效利用闲置的公共体育设施资源，定期或不定期地开展体育活动。根据规模的不同，日本青少年体育俱乐部向学生提供单一体育训练指导或综合性体育服务，针对中小学生的寒暑假，许多俱乐部还推出了假期训练营或者假期训练计划。

3.5.2 主要经验

第一，东京奥运会后体育政策投入重点的转移。1964年东京奥运会是日本战后重建展示实力的一个重要标志，也是日本竞技体育发展的一个巅峰，以16金的成绩位列第三。东京奥运会结束后，日本的体育政策由偏重提高向侧重普及迅速转变，从而适应了当时的经济和社会发展的需要。凭借快速发展的经济作为后盾支持，日本把注意力向大众体育转变，在发展大众体育的过程中来真正体现体育的文化性。这种转变最终在20世纪70年代末引发了日本抵制申办名古屋奥运会事件。而作为这种变革的代价，日本在1988年汉城奥运会上仅收获4枚金牌，在第9、第10届亚运会上，分别名列第2、第3位。由于投入的不足，日本的竞技体育水平开始迅速下降。

第二，奥运黄金计划为日本优秀运动员的培养再度注入活力。由于日本竞技体育面临国内外环境的诸多压力，2000年9月文部省颁布了《体育振兴基本计划》，为保证其有效展开，日本奥委会于2001年制定和实施了《JOC GOLD PLAN——竞技体育发展战略》，简称黄金计划。该计划明确提出要强化和完善优势项目的运动员培养体制，将原来的7大优势项目（包括9个小项目）调整为12大优势项目（16个小项目），并确定了优秀运动员坚持中长期集训的训练制度。此外，在体质和健康研究领域中，建立起了比较完善的学校保健卫生制度，发挥其提高学生体质健康水平和运动能力的作用。同时，日本政府制定的各项体育法规均把群众体育和学校体育放在重要的位置，并且针对学生体力下降趋势等现象专门提出了详细的解决措施和实施步骤。

3.6 发展趋势与启示

3.6.1 发展趋势

3.6.1.1 市场机制在转型国家竞技体育后备人才培养中的作用

由计划经济体制向市场经济体制转型的国家中，俄罗斯最具有典型意义。由于在国家经济发展方式上向市场经济体制转变，使得这一过程同样在竞技体育后备人才培养方式上有所体现，即竞技体育后备人才培养全面向市场开放，完全改变过去单一依靠国家财政投入为主的培养格局，更多地重视市场和社会在竞技体育发展中的作用和投入。实践证明，这种运动员培养的方式受国家具体国情的限制很大，甚至在短期内会对竞技体育的发展起到负面的作用，但从长远来看，这种趋势更加符合对体育运动、对竞技体育性质的认识。

3.6.1.2 市场经济国家开始重视发挥国家权威力量来培养优秀运动员

以澳大利亚为代表的西方国家，此类国家原本实行的就是市场经济，但由于国家意志和经济利益的驱动，以及国民对体育事业的现实需求，要求政府部门重视并提高竞技体育发展水平，加强对竞技体育后备人才培养的投入，包括直接的经济支持和政策投入。需要指出的是，通过国家力量来促进体育事业、特别是加快竞技体育发展，通过奥运会来展示国家形象和竞技体育实力已经越来越为许多国家所重视，同时，也正是在这一利益的驱动之下，很多国家认识到，通过政府的介入实际上是提高运动员竞训成绩的非常有效的途径。

3.6.1.3 采用政府与社会结合型的方式培养优秀运动员日益受到重视

当代竞技体育强国大多数采取社会管理型或结合型的管理模式，这种管理模式既没有让政府的主导作用一家独大，又充分调动社会各界参与的积极性，通过政策导向鼓励社会和市场参与到竞技体育后备人才培养过程中来。随着体育产业在国民经济中的价值不断凸显，各国都非常重视本国竞技体育的发展，其共同的发展趋势是，结合型逐渐成为国外竞技体育管理的主要方式。兼有两种体制特点的结合型国家有德国、法国等。这些国家虽然已经不把竞技体育后备人才培养权力集中在政府机构，但也不完全放手任其分散于各社会组织（俱乐部、单项协会等），而是实行国家政府机构与社会组织相结合的竞技体育管理体制。

3.6.2 启示

3.6.2.1 政府部门对竞技体育后备人才培养应当有序退出

随着中国政治经济体制改革的全面深入，传统举国体制下的竞技体育后备人才培养模式已经无法沿用过去的管理方式，必须进行全面改革与架构重置。政府行为在竞技体育后备人才培养的过程中将是会逐渐淡出状态，即政府不再直接对这一领域直接投入人力和物力等资源，而政府退出后在该领域所形成的"真空"将由社会和市场进行填补。

3.6.2.2 中国竞技体育后备人才培养应当遵循"体教结合"的发展规律

在中国竞技体育后备人才培养的改革过程中，完全摒弃原有三级训练网体系和传统人才培养资源的做法并不可取，这主要是由中国现阶段经济还不发达、仍处于社会主义初级阶段、社会方面投入竞技体育后备人才培养的资源还不多的现实国情决定的。在这种情况下，要想在竞技体育后备人才培养过程中实现质的突破，采取依靠高等院校来培养后备人才的方式将是一种最为便捷和有效的途径，是实现奥运金牌战略与优秀运动员全面发展双赢的最佳选择。

3.6.2.3 政府体育行政部门在竞技体育后备人才培养过程中选择"适度有为"

政府体育行政部门不直接介入竞技体育事业管理，不直接参与后备人才的培养是未来发展的趋势，但并不代表着完完全全的不作为。由于优秀运动员取得的优异成绩在一定程度上具有公共产品的性质，政府应对此进行必要的精神与物质奖励，并结合中国的实际情况，对目前一些重点项目以及市场化方式难以开展、而国家和国民又确实需要的项目，可采取一定的政策倾斜，确保竞技体育事业改革的稳步推进。

4 中国竞技体育后备人才培养的核心任务和价值解析

4.1 社会化是竞技体育后备人才培养的核心任务

4.1.1 竞技体育后备人才培养社会化的含义

竞技体育后备人才培养的社会化，指的是竞技体育后备人才培养的发展趋向和动态的发展过程。它既不同于作为社会个体的人，也不同于一般的社会劳动或生产，所以对竞技体育后备人才培养社会化的理解不能仅仅局限在培养活动本身，正如德国社会学家齐美尔分析的那样，互动是产生社会化的原因[1]。应该从培养活动与社会的相互作用和互动关系上去深入研究竞技体育后备人才培养社会化的实质，探讨竞技体育后备人才培养与社会的关系。

从世界竞技运动发展历史来看，竞技体育后备人才培养总体表现为从自我封闭到不断走向开放。换言之，社会化的进程就是一个竞技体育后备人才培养体系面向社会不断开放从而被社会不断接纳、认可乃至支持的过程。在这一进程中，随着培养观念、培养功能、培养内容与模式、培养对象、管理体制与内外部运行机制等一系列的变化。可见，竞技体育后备人才培养社会化包括了进程上的不断开放和内涵上的不断变迁。

根据以上分析，本研究可以对竞技体育后备人才培养社会化这一概念作如下定义，即是指把竞技体育后备人才的培养过程，置于开放的社会环境之中，在市场经济利益原则的驱动下，由社会各种力量参与培养，既培养青少年运动员高超的竞技能力，也培养他们健全的社会品格和社会能力，以其能顺利融入

---

[1] D.P.约翰逊. 社会学理论 [M]. 北京：国际文化出版公司，1988：320.

社会、实现自身全面发展为培养终极目标，最终实现培养主体与培养对象的利益双赢。

4.1.2 竞技体育后备人才培养社会化的特征

4.1.2.1 培养主体与培养对象双方都是利益主体

所谓利益主体，就是利益的创造者、追求者、消费者和支配者，即在一定社会关系中通过自身各种行为活动来追求物质需要、精神需要满足的人。[①]在计划经济体制下，竞技体育后备人才的培养过程中经济利益主体单一化，片面强调国家利益而忽视个人利益，政府体育行政部门代表国家训练和管理运动员，拥有对运动员的绝对支配权，使竞技体育后备人才承担不可推卸的社会义务却没有相应的权利和利益。在市场经济条件下，社会各阶层能够介入竞技体育后备人才的培养，进而把具有浓厚政治意义的培养活动变成了具有浓厚经济色彩的活动，产生多元经济利益主体，利益结构呈现复杂化格局。除了国家、地方政府、单位社区、行业、企业以外，包括运动员、教练员在内的个人也作为一种经济主体并承认其利益。各个经济主体的最高利益是追求利润最大化。其合理需要，是竞技体育后备人才培养良性发展的源动力。

竞技体育后备人才培养社会化，意味着培养主体和培养对象都是各自独立的利益主体，二者之间不再是包办和被包办、管制和被管制、服务和被服务的关系，而是一种合作、互利、共赢的经济利益关系，双方都是共同利益的主体，需要合理的利益分配。竞技体育后备人才独立利益主体地位的获得，增强了其个体的独立性、自主性，推动了个体的自我完善，为运动员不断提高自身各种素质、实现人的全面发展创造了新的历史条件。

4.1.2.2 培养目标是实现再社会化

社会化贯穿人的一生，社会化的完成情况，影响着人的价值实现和社会的

[①] 赵平俊. 正确认识马克思主义利益主体 [J]. 今日中国论坛，2007（6）：35-39.

运行发展[①]。竞技体育后备人才无论是作为一般社会成员，还是作为特殊社会成员（专业运动员），无可争议都是社会人，需要经历社会化的过程。他们的运动训练经历，是他们社会化进程中不可避免的一个重要环节，但不应该是唯一的或最后的环节。

出于鲜明的政治目的和体育事业本身发展的需要，竞技体育后备人才的培养一度走入极端，其培养的唯一目的，就是要求运动员不断提高技术水平，为国争光，以通过体育这面窗口来向外界展示国家的形象和实力。从某种意义上讲，运动成绩就是运动员运动生涯的全部内容。由此迫使竞技体育后备人才常年投入紧张、枯燥的高强度训练之中，封闭生活在有限的活动圈子内，在他们成长的关键时期不得不脱离活生生的社会生活，失去同龄人都具有的文化学习和经历正常生活的机会，成为独立于广大青年和学生之外的一个特殊群体。他们在努力从事运动训练的同时造成了文化教育学习的缺失，到了退役或中途离队时除了运动技能外，缺乏其他专业知识和能力，其生活方式、价值观念、适应能力等与现实社会形成较大差距，难以被社会所接受，不可避免地产生重新融入社会的障碍。而在激烈的竞技人才竞争过程中，大多数最终要退出这个系统而转到社会其他系统中，更多承担"非运动员"的社会角色，进行职业角色转换并进行第二次创业。因而，竞技体育后备人才培养社会化，需要着眼于竞技体育后备人才的价值实现，把他们退役后能够融入社会、顺利实现再社会化作为重要培养目标，最终为他们将来在社会中所要扮演的角色做准备，使竞技体育后备人才成为适宜社会的有用之才而不是社会的负担。

4.1.2.3 培养体制的开放与灵活

只有社会化的培养方式和环境，才能构成人才培养的自然形态。这种自然形态由从政府主导向以市场需求为导向的市场化的培养体制转变而来，具体表现为多层次、多渠道、多形式的开放与灵活的竞技体育后备人才培养体制，其显著特点表现为政府对竞技体育后备人才培养过程的直接干预不断减少，计划体制的作用在微观领域内越来越弱，市场的自主调节作用越来越强。制约这一

[①] 王敏. 当代大学生社会化问题的几点思考 [J]. 长沙铁道学院学报（社会科学版），2004（9）：48-50.

形态的，是市场经济条件下的利益原则与竞争机制。

首先，在这种形态下，竞技体育后备人才的选才、培养、参赛、福利待遇等不纳入政府的工作计划，不由政府部门包办包管，也没有执行国家和政府赋予的特定任务并体现国家意志的政治使命。其次，各培养单位、企业、个人根据市场需求，主动收集供求信息，建立供需机制、融资机制、价格机制、竞争机制，供给具有市场价值的竞技体育后备人才。青少年运动员也可以根据自身发展需要作出灵活的选择，使自身资源和良好的训练条件、教学设施以及高水平教练员实现优化组合，通过市场在社会范围内配置人才资源，形成以利益为纽带的资源配置模式，从而打破国家和地方各级政府体育部门之间各自为政、相互封闭的培养格局。最后，由于各种资源的配置决策不是靠行政权力自上而下地贯彻，而是靠利益杠杆来决定，投资主体根据市场信号自主决策，包含对利益激励机制的选择，从而可以充分调动各种社会资源参与优秀运动员的培养，从社会中获取雄厚的物质基础和人才资源，采取多种渠道让社会造就人才。

4.1.2.4 个体、群体利益与国家利益高度统一

竞技体育后备人才培养社会化，一方面把后备人才这种竞技体育人才的培养建立在大众体育的基础上；另一方面与政府的管理、投资等相联系，形成自下而上既可分散又可集中；既能代表投资主体又能代表国家和民族利益的横向和纵向相结合的专业人才培养系统，形成从地方到中央和从社会到政府的层次清晰、功能明确、科学有序的竞技体育后备人才培养网络。在这个系统中，国家在实施宏观调控的同时，通过其体育主管部门或权威机构，与各体育组织密切合作，国家和社会内在利益的一致性和各自优势的互补性，使这种合作既能面向国家奥运战略，又能面向人才的配备、训练等实际操作层面，还能避免个人目标、局部目标与国家总体目标的冲突，从而把运动员个人、培养单位以及国家利益有机整合并使三者高度统一起来，形成政府、市场和社会体育组织共同提供竞技体育后备人才培养服务的格局。充分调动了国家、地方以及社会各方面的积极性，使竞赛行为的主体以及各联合体共同关注国家竞技体育的运作和发展。

这种以利益为基础、培养单位与国家优势互补、资源共享的竞技体育后备人才培养管理体系，能够为竞技体育后备人才成才提供肥沃的土壤和广阔的空

间，最大限度地发挥人才培养的效能。其优势表现在：第一，丰富人才资源。由于竞技体育后备人才活跃于基层社会，群众基础深厚，支持力度大，能产生更多更好的优秀运动员苗子，利于选材覆盖面的拓展和吸纳、选择、培养后备人才，扩大队伍规模。第二，拓宽人才成长渠道。作为民间的体育组织，可以自由地开展各种竞赛活动，为各组织间竞技体育后备人才的比赛、交流、互动提供更多机会，使运动员得到很好的技能和心理素质的锻炼，不断积累参赛经验。第三，优化人才培养环境。各体育组织的优秀运动员直接面向社会，紧密结合社会生活，具备较强的适应和生存能力，甚至是独立谋生的能力，退役后出路更广。

4.1.3 竞技体育后备人才培养社会化的内容

竞技体育后备人才培养过程中社会化属性的获得和完善，青少年运动员社会角色的形成和发展，构成了竞技体育后备人才培养社会化的基本内容。

4.1.3.1 培养主体的社会化

主体，《辞海》中将其释义为"在哲学上同'客体'相对，指实践活动和认识活动的承担者。"[1]培养主体指培养竞技体育后备人才的管理部门、体育社会组织或公司企业。竞技体育后备人才培养主体的社会化是指在社会化方式下培养后备人才的各种类型的承担者。社会化的培养主体应当是多元的，在现阶段，我国竞技体育后备人才的培养主体还主要是各级政府体育行政部门。国家的政府体育行政部门采取行政方法，全面管理从宏观到微观的培养工作，包括制定培养规划和后备人才的选拔及训练。这种主要依靠国家拨款和主要以行政手段培养竞技体育后备人才的模式，不仅束缚了社会办体育的积极性，而且造成了人才培养经费不足、规模难以扩大、结构难以改善、培养质量下降等问题，国家既没有办法维系代价高昂而收效不大的竞技体育后备人才培养体系，也无法解决目前后备人才培养体制下出现的种种弊端，竞技体育后备人才培养必将成为社会的职责。随着社会主义市场经济体制的完善和体育自身的不断发

---

[1]《辞海》[M]. 上海：上海辞书出版社，1999：3410.

展，竞技体育后备人才的成才之路逐渐呈现多元化社会参与培养的趋势，原来主要靠国家办体育的单一形式向多渠道、多层面、社会广泛参与的多元形式转变。

培养主体社会化具体表现在两个方面。一是培养主体多元化，即从体制内体育系统一家办向体制外多家系统共同办的方向转变。政府体育行政部门逐渐淡出，取而代之的将是不同层次、不同性质的多种经济主体，如团体、院校、社区、企业和个人等，以多种方式来参与培养，包括与政府联合培养，按照市场经济运行规律来培养竞技体育后备人才。二是投资主体多元化，即充分调动社会的积极性，利用各种资本组成形式，吸收社会资金，改变国家或政府一家投资的状况，扩大人才培养投资渠道，把单纯依靠国家财政拨款的经费运作方式变为中央财政、地方财政拨款以及社会投资的多渠道运作方式，使竞技体育后备人才培养扩大规模并自由发展，发挥市场在资源配置方面的优势。投资主体多元化既表现为培养主体所有制结构多元化，即从单一的公有制向混合所有制的转变，允许和鼓励各种非公有经济主体建立竞技体育后备人才培养系统，也表现为产权主体的多元化和主体单位资本构成的多元化，是社会资源分化过程中各种社会资本的有机整合。

4.1.3.2 培养对象的社会化

竞技体育后备人才培养社会化的对象是青少年运动员本身。培养对象社会化是针对"体制化"而言的。竞技体育后备人才是社会的财富，不属于个人或集体的私有财产，也不应由政府包办其选拔、训练、竞赛乃至生活服务、文化教育、医疗卫生、未来职业安置和发展道路等方面，使其因特殊身份而享受特殊待遇，而应该用社会价值来决定其发展方向，即成为"市场人"而不是"体制人"。作为"市场人"的竞技体育后备人才，依靠其竞技成绩进行合理流动，转会的渠道会更加通畅，"优劳优酬"的分配原则将得到更加充分的体现，竞技体育后备人才的经济收入将会拉大差距，少部分成绩特别优异的运动员将会获得更多丰厚的报酬，其经济地位也将得到提高。

让竞技体育后备人才作为特殊人才资源回归市场，引入培养竞争机制，可以促使青少年运动员以平常心态来审视自己作为一般社会人的角色，同时又是有特别专长的社会成员的社会定位，以市场人的视角来对待可能出现的丰厚经济收益以及可能面临的职业风险，并以市场人的心态来衡量和纠正自己的心态、思维和才能，最终改变观念，培育和塑造自主、自立、自信、平等的社会品格，确立自己市场人的身份和地位。而在这一变化过程中，竞技体育后备人才身上"体制人"的属性会逐渐减弱，其"市场人"的属性会越来越强，其市场取向的社会化进程是历史和现实的必然选择。

4.1.3.3 培养目标的社会化

竞技体育后备人才培养社会化的目标是促进人的全面发展和社会的全面进步。由于中国竞技体育后备人才在历史发展中形成的独特身份及其特殊使命，长期以来其培养目标直接指向运动奖牌并以金牌战略为评判标准。为达到这种急功近利的单一的目标，通常要对青少年运动员进行封闭或半封闭式专业训练，利用各种手段挑战身体极限，青少年运动员个人受到较多约束，人的能力、个性及与社会的关系也受到极大限制，文化教育往往流于形式，人的本身并不是自然协调发展，而是一种外界因素的强加。这种强加超出了体育运动对身体进行改造而创造价值的范围，不仅脱离人的实际，而且脱离社会发展的需要。

竞技体育后备人才培养社会化，首先是承认青少年运动员作为一个普通社会人的存在，享有普通人应该享有的生活内容，并使其置身于开放竞争的社会环境之下，还原其人的本质——"真正的社会联系"[1]。在此基础上，去挖掘和开发其运动潜能和能力，进行专门的特长训练，就像一般人从事某项工作一样。运动训练与竞赛是运动员的重要内容，但只是其生活的部分内容而不是全部，道德素养、文化教育以及各种社会知识、技能等都要学习，以使运动员主体素质均衡全面地发展。

培养目标社会化的具体内容有三个方面。一是认定和重视竞技体育后备人才作为人的价值。把运动训练过程不仅看成是一个自然的生物体改造过程，更看成是一个社会化的过程。在强调运动训练的客观规律性和对生物性的人所产生的影响时，也把人回归为社会的人，使生物体与外部环境取得平衡，使人与社会环境相互适应。二是为竞技体育后备人才营造成才的人文环境。在市场经济条件下，竞技体育后备人才的培养更讲功利性，追求利益最大化，但同时也

---

[1] 王敏.当代大学生社会化问题的几点思考［J］.长沙铁道学院学报（社会科学版），2004（9）：48-50.

更人性化。在运动训练过程中有青少年运动员的参与和决策,强调青少年运动员训练的主体性、自觉性、平等性,改变训练过程中的被动性、从属性地位。关注青少年运动员的自身需要和全面发展,而不仅仅是身体发展,注重促使青少年运动员形成符合一般社会标准的价值观、生活技能和社会角色意识。关心青少年运动员,尊重其生活需求、自身权利及利益问题,科学安排训练计划。树立多维的成功标准,而不仅仅是以金牌为唯一标准,以成败论英雄,增加运动员自我评价、自我满足的成功标准,树立其超越自我、实现自我的价值观。三是要以奥林匹克精神为指南培养竞技体育后备人才。作为全世界人民文化财富重要组成部分的奥林匹克主义,将身体与精神的种种品质融为一个均衡的整体,是影响和教育青年人的一种人生哲学。奥林匹克主义主张通过增强青年体质和对其意志品质的培养,使青年得到全面发展,并通过体育和文化教育的结合,促使青年的身体素质、道德品质获得和谐发展,并能在未来社会扮演重要的角色,其目标体系与青年人的社会化目标完全一致,它本身就是促进青少年运动员社会化的有效手段。

4.1.3.4 保障体系的社会化

竞技体育后备人才的社会保障问题,一直是困扰政府体育行政部门和运动员家庭、影响竞技体育发展的重要因素。在竞技体育后备人才培养过程中,主管部门给运动员投保的意识不强,经济实力也很有限,导致竞技体育后备人才社会保障制度普遍不健全,产生了很多保障隐患。具体表现在三个方面。一是运动伤病问题。伤病问题不仅影响青少年运动员的身心健康,同时也在一定程度上影响运动训练。任海(1982)在对20世纪70年代初期我国优秀青少年田径运动员"早衰"原因的调查中认为,专项负荷上的过快过猛使运动员在最初的几年成绩提高较快,但造成大量伤病,影响了其健康和运动成绩的进一步提高。[①]许多青少年运动员正值出成绩的时候,却因伤病不得不离开运动队。同时,部分运动员在训练过程中服用兴奋剂,给自己的身体造成较大伤害。竞技体育后备人才因运动引起的损伤、病残甚至致残,缺乏相关的运动伤残保障制

---

① 任海. 对七十年代初我国优秀少年田径运动员的调查及对其"早衰"原因的探讨[J]. 体育科学,1982(1):21-24.

度，退役后也没有相关医疗保障或经济补偿。二是再就业问题。竞技体育后备人才培养的一个显著特点是激烈竞争和高淘汰率。受制于竞技运动规律，竞技体育后备人才中能够得到良好发展机会并最终攀登体育高峰的只是极少数，大多数只能被封杀在中间层和底层，既没有从竞赛中脱颖而出的希望，又难以冲破各种束缚找到别的出路。特别是在市场经济条件下，随着国家用人制度的改革、双向选择制度的建立，竞技体育后备人才原来依赖的就业保障体系丧失了制度支持，这使得他们出路不明朗、不顺畅，不得不面对再就业或第二次创业的问题。三是文化缺失问题。培养单位特定的组织功能是培养、选拔和输送高层次运动员，高效率地产出优秀运动员。因此，在运动训练和文化学习的时间安排上，让竞技体育后备人才把绝大部分时间投向了前者，在训练和竞赛上的投入也远远高于文化教育，致使教学的基础设施落后，师资力量薄弱，交流渠道闭塞，教学水平无法和教育系统的学历教育相提并论。竞技体育后备人才文化的缺失或缺损，成为角色转换过程中的极大障碍，尤其在文化资本成为人力资源市场主要资源的情况下，其生存能力遇到了前所未有的挑战。

上述种种令人堪忧的问题，使许多家长不愿意或不支持自己的孩子承担练不出成效又缺失文化教育的双重风险，从而影响竞技体育后备人才的来源、数量和质量。竞技体育后备人才培养的社会保障问题，是国家无力顾及也解决不了的问题，只有在社会化的条件下，通过人才市场的运作规律把竞技体育后备人才纳入社会保障体系才能加以消化吸收，才能给竞技体育后备人才以必要的利益保障。

4.2 竞技体育后备人才培养社会化的价值解析

哲理意义上的价值，是关于主体需求与客体属性之间的一种关系范畴，客体的存在、作用以及它们的变化对于一定主体需要及其发展的某种适合、接近或一致，即为价值[1]。竞技体育后备人才培养社会化作为人才培养运作的一种理念和模式，对于培养单位、运动员本身以及社会究竟有什么意义、作用或效能，对这些意义、作用和效能又该如何评判，这就是竞技体育后备人才培养社

---

[1] 李德顺. 价值论 [M]. 北京：中国人民大学出版社，1989：13.

会化的价值问题。

4.2.1　人性价值：对青少年运动员个体的价值

人性并不是一个唯一确定的概念，在不同场合可能有不同的含义。这里是指"人所具有的正常的感情和理性"。[①]人类社会的任何一种活动或制度安排，都是建立在一定的人性认识基础上的。培养人才是人的行为，竞技体育后备人才是人类的一部分，因而整个培养活动与人性密切相关。

计划经济体制下，竞技体育后备人才在很大程度上被看作争夺奖牌的比赛工具，管理者、教练员关心的是训练的规律问题以及竞赛成绩问题，为达到一定目的，个别教练员对青少年运动员进行苛刻的管理，如限制自由、体罚、饮食不准超量、过早从事专业训练等，对于青少年运动员作为"训练的主体"认识不够，造成对青少年运动员人性的极大伤害。而在当今这样一个日益人性化的时代，体育作为显示社会形态优越性的功能正在逐步衰退，现代奥林匹克精神强调通过体育运动来实现人的和谐发展的理念深入人心，运动训练也在日益朝着人性化的方向迈进。竞技体育后备人才培养社会化，正是注重把人性的理念贯穿于培养的全过程，尊重运动员的人格和权利，为青少年运动员提供自由选择和自我发展的机会，促进其全面健康的发展，这是立足于人性基础之上的一种培养理念，是培养人性化的具体体现。

一方面，社会化的培养方式可以对竞技体育后备人才的培养进行合理定位，在使竞技体育后备人才获得高超竞技能力、具备突出竞技水平的同时，也致力于使他们学习和接受社会共同生活的行为规范，培养他们作为社会一分子应具备的积极品格和相应能力，使他们成为能够融入社会普通生活的公民。另一方面，社会化培养方式可以促进个性发展。马克思主义人学理论极为重视人的个性发展，认为人既是社会化的又是个性化的，人类社会的进步过程就是人的自由个性不断发展的过程。在高度封闭的环境下培养青少年运动员，不但会压抑个性，还会出现同一化、模式化的趋向。一个良好而有效的竞技体育后备

---

①现代汉语词典［M］.北京：商务印书馆，1978：953.

人才培养制度，应是在促进青少年运动员提升特殊技能、接受社会共同体规范的同时，为其提供一个适度的能够个性化的自由空间，一个有利于人格、情感、理性健康成长的环境。应当认识到，竞技体育后备人才培养并不是仅仅依靠行政命令就能做好的一种管理行为，在其漫长的培养过程中需要也必须充分利用好各类社会资源。所以推行竞技体育后备人才培养社会化理念，鼓励民间各种社会力量参与，可以弱化或避免以权力为基础的制度性培养可能带来的负效应，对促进青少年运动员人格的完善具有积极作用。

4.2.2 民主价值：教育根源对培养主体的价值

"民主"一词，来源于希腊文demokratia，原意是指"民众主权"或"多数人的统治"。随着社会的进步和发展，民主的内涵已经超出了政治领域，成为社会的普遍精神指引，甚至成为人们的思维方式和生活方式。民主只有在事关价值的问题上，而且只是在一定人群内部之间，才是适用的[①]。

从培养社会化过程本身来看。首先，民主是一个主体性的概念，竞技体育后备人才培养社会化的民主性，以肯定其主体地位为前提，不仅承认其特殊社会人才的资格，而且承认其普通社会公民的地位，竞技体育后备人才不仅是义务的主体，而且是权力的主体，在培养过程中应该重视并认真对待青少年运动员的意志和需求，而不是单方面实行严格的管制。作为从事社会专门职业的竞技体育后备人才，他们既承担着刻苦训练为国争光的社会责任，同时又是市场经济中独立的、平等自主的主体，其合法权益理应依法得到承认和保护。其次，民主强调对少数人意见的尊重和对少数人利益的保护。民主越发达，越重视对少数群体或弱势群体的保护。竞技体育后备人才属于社会中的少数群体，同时处于相对弱势地位，应该受到社会的共同关注和爱护。

从当前国家和各省（市、区）竞技体育后备人才培养社会化过程的关系来看，民主意味着开放和参与，即竞技体育后备人才培养活动对社会的开放和社会对竞技体育后备人才培养过程的积极参与。传统的培养体系高度封闭，缺

---

① 李德顺. 立言录［M］. 哈尔滨：黑龙江教育出版社，1998：433.

乏外部力量的参与，青少年运动员的自由、民主甚至人格尊严无法得到全面保障。社会化的培养打破了这种完全封闭的状态，通过社会力量对培养过程的参与，有助于增强培养事务的公开性和透明性，有助于青少年运动员的发展和各种基本需求的实现。

4.2.3 效益价值：对培养体系的价值

培养是有成本的，培养过程中需要国家和社会的大量投入，同时培养的效能又受到一系列主客观因素的影响。在计划经济条件下，竞技体育后备人才培养所需各种资源的主要供给者是国家，各级政府运用计划经济的手段和方式对人、财、物等资源进行配置，并通过举办各级各类比赛，引导、调控、促进优秀运动员培养工程的建立和完善。这种模式主要依靠总量扩张和资源投入，人才培养粗放经营，科技含量不高，培养效益较低，投入与产出的效益严重失衡。同时，竞技体育后备人才的高淘汰率，在对分流退役运动员没有提供合理的吸纳机制的情况下，必将造成人、财、物和时间的浪费，培养活动也被锁定在低效状态。随着市场化程度的提高，如果继续沿袭传统体制下的人才培养模式，因为系统外环境与系统内的运行机制不相适应，必然带来较高的社会交易成本。只有依据市场规律进行自由流通和配置，才能产生更大的效率与回报率。竞技体育后备人才培养的效益能否发挥，发挥到什么程度，很大程度上取决于能否因势而谋、应势而动、顺势而为地主动变革原有传统培养方式。就现状而言，社会化培养方式是其合理配置资源、促进培养效益最大化的有效途径。

在社会化的培养环境下，大批闲置的、有开发潜能而缺乏成才机会或发展路径的优秀后备人才，可以和各种培养主体之间进行双向选择，并凭借自身的价值获取相应的培训条件，选择最适合自身发展的培养环境。开放灵活的培养模式，对人才的选拔不拘一格，只要是有天赋、有勇气、有毅力的运动员都能够进入自身愿意进入的竞技领域，在竞技精神充分激活的情况下，最大限度地开发潜能，并很可能在体育机构预料不到的领域中创造奇迹，提升其人才资本的价值。因此，只有把竞技体育后备人才变作人力资本进入市场，并合理、科学地界定其人力资本产权，使各个层次的优秀运动员在相应的游戏规则下合理有序地流动，使竞技体育后备人才对社会的贡献和自身的劳动价值得到更充分的体现和发挥，才能在竞争中确立并提高所有参训后备人才的人力资本价值，才能保证培养单位的利益不受损害。

4.2.4 公平价值：对社会公民的价值

竞技体育后备人才与社会一般公民相比表现出了诸多特殊性，在一些方面甚至是很大的不公平性。这种不公平具体表现在：第一，现在的竞技体育后备人才培养大部分都是依靠公民纳税、国家全额投入，才得以保障不断创造出好成绩，一枚奥运金牌的取得要投入巨大的成本并牺牲很多环节的劳动成果，有的甚至是无价的，只有当众多的影响因素优化组合在一起，才有望造就出一名顶尖选手。第二，由于产权关系以及竞技体育后备人才的身份、归属不明晰，只有少数在国际大赛上取得优异比赛成绩的优秀运动员，才能获取丰厚经济回报以及社会名人效应、政治待遇，而更多的运动员其付出与所得，远远偏离社会所公认的价值规律。第三，在竞技体育后备人才培养体系内部，国家的资金投入结构也不合理，有限的资金主要倾斜给最有希望成功的少数运动员，用于其赛前的集训、准备等，而对大量后备或处于基础层次的竞技体育后备人才的投入严重不足，培养过程中因经费窘困导致重重困难，这成为后备人才队伍成长和壮大的一大障碍。

而竞技体育后备人才培养社会化，使培养主体和培养对象都成为利益主体，获得市场主体地位的社会组织或个人在决策时，必须要考虑投入与产出之间的关系，只有"有利可图"才会投资，其利益的大小、价值的高低、回报率的多少，与投资者的投入付出成比例，或者由市场来自发调节，这样才可能避免国家对优秀运动员高投入低产出的情况，杜绝成功的优秀运动员无偿享受国家资源的现象。根据谁受益谁负担和受培养的程度与个人收益呈正相关的原则，在竞技体育后备人才的培养过程中由受培养者承担一部分培养费用是合情合理、无可非议的。从政府责任的角度看，政府在体育人才培养方面的高额投入，能够平等地为国民享用而非集中用于极少数精英竞技运动员，才更合乎公共财政原则。

4.3 竞技体育后备人才培养社会化的动因分析

4.3.1 国家和社会重大现实需求是社会化的逻辑起点

竞技体育后备人才培养作为中国体育事业的重要组成部分，其存在和发展取决于不同历史时期条件下国家和社会的重大现实需求。中华人民共和国成立之初，百废待兴、百业待举，国家需要大量身心健康的、合格的劳动者投入社会主义新中国的建设中，更遑论当时中国人民还饱受"东亚病夫"的耻辱，于是在"发展体育运动，增强人民体质"精神的引导下，为了尽快提高中国体育运动水平，在"体训班"的基础上依靠各级体育行政部门设置专业队来进行竞技体育人才培养，初步形成了举国体制下中国竞技人才专业化培养模式的雏形。通过各级政府强有力的干预，在学习苏联、东欧等国家竞技体育后备人才培养体制的基础上，在20世纪60年代开始形成了从国家队、省优秀运动队到地方业余训练队层次分明的三级训练体制。但随着"大跃进"和"文化大革命"的到来，体育事业发展的节奏被扰乱、停滞、倒退，造成竞技体育训练管理的混乱。20世纪80年代以来，国家选择了"以竞技体育为先导，带动体育事业全面发展"的战略，是为了更好地服务于当时中国回归奥林匹克大家庭的需要、服务于体育作为中国综合国力展示和对外交流平台的需要。在这种现实需求之下，竞技体育金牌是刚性指标，抓得硬，而全民健身作为柔性指标，则抓得软些。1990年后，中国社会主义市场经济发展进入了一个快速发展期，如何调整具有明显计划经济特征的体育事业发展成为一个长期的重大课题。但由于政府体育行政部门内部缺乏改革动力，致使自身主动改革不足，传统竞技体育后备人才培养改革工作真正落到实处的仍然不多，使其核心改革问题遗留至今。进入21世纪后，不乏预言"北京奥运会可能是中国体育改革的分水岭"的观点，但事实表明，在北京奥运结束后的相当长时间里，"坚持发挥举国体制作用"作为政府体育行政部门的基本态度仍然占据着主导地位。由此可见，国家对体育的定位决定着体育发展的重点和方向，社会重大现实需求促使竞技体育后备人才培养朝着社会化方向发生转变。

4.3.2 社会经济变革是推动社会化的根本驱动力

从中华人民共和国成立初期较为朴素的群众体育活动、各类体育协调发展，再到全民健身上升为国家战略，相继经历了高度集权的计划经济时代、集权和适度分权相结合的有计划的商品经济时代和社会主义市场经济时代。经济体制改革催生行政体制改革，促使体育行政部门转变职能，处理好体育领域中政府与市场的关系问题。在以高度集权为特征的计划经济时期，政府统包统揽，竞技体育后备人才是整个体育事业中关键的基础部分，其资源配置、政策制定都处于政府的掌控之下。从1982年党的十二大开始，"有计划的商品经济"逐渐替代原有的计划经济体制，陆续出台的《关于进一步发展体育运动的通知》《关于体育体制改革的决定（草案）》开始了"国家包办体育过渡到国家办与社会办相结合"体育改革序幕。原国家体委在《关于深化体育改革的意见》中指出在保证国家投资前提下，拓宽社会投资渠道，发挥政府与社会、国家和地方的积极性，贯彻以奥运会为最高层次的竞技体育发展战略，实现资源的合理配置。随后，中国足球、篮球、排球、乒乓球、羽毛球等项目相继走向职业化道路，社会与行业资金开始流入竞技体育后备人才培养体系。中国专业化后备人才培养模式开始向多元化、开放式的方向发展。但是由于市场力量和地方经济实力还比较弱小，政府体育行政部门仍然是竞技体育后备人才的实际"掌舵者"，仍然是其所需资源的核心供给者。而市场经济本质上是一种自由经济，以政府体育职能转变为目标的体育管理体制改革，正是适应市场经济条件下建设体育强国的必然要求。党的十八届三中全会通过的《中共中央关于全面深化改革若干重大问题的决定》中再次强调"经济体制改革是全面深化改革的重点，核心问题是处理好政府和市场的关系"，中国特色的"市场决定作用论"为步入改革深水区的中国体育提供了崭新的强大动力。

4.3.3 深化改革与治理创新是社会化的遵循原则

进入21世纪，国家体育总局提出，加强运动员文化教育，继续鼓励高校办高水平运动队，为优秀运动员进入高校创造有利条件。针对运动员文化缺失问题，各省市对"体教结合"工作进行了大量的实践与探索，相继出现了南体模式、清华模式、浙江温州模式、成都华阳模式等各具特色的体教结合模式，体教两家结合点不断拓展、结合层次不断深入，体教结合工作取得了一定成效。但是从中也不难发现，目前教育系统、社会各界跨行业、跨部门的人才培养能力还极其有限，这些培养渠道暂时只能起到补充作用，竞技体育后备人才培养的重担依然还落在体育系统的人才培养上。竞技体育优先战略主导了20世纪的中国体育事业发展，在今天中央政府已经非常鲜明的政策导向下，各级政府体育行政部门最需要的是转变工作重心和方法，确保竞技体育后备人才培养能够成为体育领域深化改革和治理创新的典范，确保青少年体育发展过程中的公平、公正、高效。可喜的是，从党的十八大以来，体育事业在公共体育服务产品、设施建设、体育指导、信息服务、治理能力和赛事活动等方面进行了诸多创新，表现为国家层面的顶层战略设计，体现了国民的社会心态和民生诉求，是建设体育强国的重要组成部分，是国家利益和体育软实力的集中表现。

5 中国竞技体育后备人才培养的实证研究

5.1 中国新型足球学校可持续发展的实证研究

5.1.1 概述

足球运动是世界上受关注度最高、开展最广泛、影响力最大的体育项目之一，不但具有高度社会化、职业化和商业化的特点，同时也是增强民族凝聚力、振奋民族精神的最佳舞台，已经成为世界各国经济社会发展中不可缺少的部分。作为世界第一运动，足球在世界各国开展的情况大不相同，整体上形成了西方强、东方弱的基本格局，而这一问题对中国足球来说尤为严峻。目前，中国足球仍然徘徊在较低水平，严重落后于世界足球发展水平。

形成当前这种现状的原因有很多，青少年足球后备人才培养落后可谓是最主要的原因之一。在1992年以前，足球后备人才与其他体育项目一样，都是沿用传统举国体制"三级训练网"的模式，普通中小学、传统项目学校和业余体校是青少年足球后备人才培养的"基层学校"。1992年召开的红山口会议成为中国足球改革的一个关键节点，会议决定将足球作为体育改革的突破口，中国足球开始走上了市场化和产业化的道路。从1994年以后，原来单一的培养模式被打破，出现了大量的足球学校、职业俱乐部梯队等新形式，鼎盛时期全国足校超过3000所。但截至2010年，全国仍在办学的足球学校仅存50余所。其兴衰起落，值得深思。此后，从2012年开始兴建的恒大足球学校、富力足球学校以及浙江绿城足球学校等则在新时期焕发出活力，与传统足球学校的衰退形成鲜明对比，这些都是当前学界必须面对和思考的重要问题。

党的十八大以来，党中央和国务院高度重视发展体育运动，2015年3月8日

《中国足球改革发展总体方案》的颁布实施，标志着中国足球事业进入了一个新的历史发展时期，建立与之相适应的后备人才培养方式和途径，已成为中国足球可持续发展的关键问题之一。各类学校是中国青少年足球后备人才培养的重要渠道，通过对不同类型的足球学校进行系统分析与研究，探索新时期与中国国情相符合的青少年足球后备人才培养方式，对振兴中国足球具有十分重要的作用和意义，对改革竞技体育后备人才培养方式有较强的参考价值。

5.1.2 发展历程回顾

5.1.2.1 起步与初创（1951—1965年）

中华人民共和国成立之初，就在足球运动的普及和提高方面采取了一系列措施，中国足球在20世纪50年代实现了迅速起步。1951年，在天津举办了第一届全国足球赛，这次比赛选拔了中国首批国家选手。1953年，除了举办第二届全国足球锦标赛以外，同时还举办了包括13个城市的青年足球锦标赛。通过这些比赛的举办，青少年足球后备力量得以快速成长。1954年，中央政府派出了1支青年队前往匈牙利学习足球，首批25名队员也成为了中国第一批接受系统化训练的青年足球运动员。1955年1月，中国足球协会在北京成立，次年4月全国足球联赛正式开办，将参赛队按水平分为甲级队和乙级队，比赛形式包括了小组预赛、复赛和决赛。1957年，原国家体委又制定了全国足球联赛管理办法，规范了甲、乙级足球联赛的运行。从1959年第一届全国运动会开始，足球项目就被纳入全运会项目中，有力地促进了足球运动在全国各地的开展。

5.1.2.2 停滞与倒退（1966—1976年）

在十年"文革"动乱时期，中国各项事业都受到严重的影响和破坏，足球也不能独善其身，受到了非常大的影响。从1966年开始，中国足球事业中包括教学、训练、竞赛、科研、普及等工作几乎全部停止，全国各地的足球代表队、教练员、运动员纷纷被裁减掉，很多的足球设施场地都被荒废，与国际交流的足球活动也基本上被取消。同时，全国范围内的足球业余训练也受到很大程度的破坏，整体水平急剧下降，足球人才青黄不接，严重破坏了整个足球发展的基础，使中国足球水平与世界强国形成了巨大的差距。这期间，除了国家队参加第6届亚洲杯赛获得季军等少数亮点之外，中国足球事业整体上基本处于停滞和倒退的状态。

5.1.2.3　恢复与探索（1977—1991年）

1976年10月"四人帮"被粉碎之后，十年"文革"动乱结束，国家趋于稳定。原国家体委决定从1978年开始恢复甲、乙级联赛，同时将赛制改为双循环升降制，确立了较为稳定的成年队和青年队的联赛制度。1979年又进一步确定了16个城市为足球活动的重点城市。1983年中国足球青年队还走出国门，参加了在墨西哥举行的世界青年足球锦标赛。1985年，成立了足球办公室，由其负责管理全国的训练、竞赛和外事工作。1987年中国足球队在第24届奥运会足球预选赛中表现尚佳，第一次晋身国际大赛决赛。在中国竞技体育取得举世瞩目成就的20世纪80年代，足球事业的发展水平和影响力还远远比不上排球、乒乓球等运动项目。

5.1.2.4　改革与职业化（1992—2009年）

1992年6月，召开了著名的红山口会议，会议围绕足球究竟能否实行职业化的问题进行讨论，并最终确定了以足协实体化、组建国内职业足球联赛和成立职业足球俱乐部为中心的足球改革措施。这次会议明确了中国足球职业化、市场化和社会化的改革方向，并首次将足球作为体育事业改革的突破口，对于中国足球乃至中国体育的发展都产生了非常重要的影响。1994年全国足球甲级联赛正式开启，球市的火爆和全新的运作机制使中国足球呈现出空前的活力，中国足球迎来了辉煌的"甲A十年"。2001年中国足球首次取得韩日世界杯出线权，但进入世界杯并没有给中国足球带来更快速的发展，反而因遭受"假球""黑哨""劳资纠纷"等一系列问题的困扰，使中国职业足球水平不断下滑，甚至跌至亚洲三流。2004年升级的中超联赛亦未能从根本上扭转中国足球竞技水平的下降。从2009年中国足球掀起反赌风暴，一大批足协官员、裁判和相关从业人员纷纷落马，中国足球陷入最低谷。

5.1.2.5 全面深化改革的到来（2010年至今）

2009年国家颁布了《关于开展全国青少年校园足球活动的通知》，国家体育总局和教育部联合开展校园足球工作，将全国青少年校园足球作为一项长期工程，与足球培训中心的建设结合起来，成为新时期中国青少年足球后备人才培养的重要战略举措。2012年党的十八大以来，党中央和国务院高度重视体育发展，振兴足球再次成为发展体育运动、建设体育强国的重要改革任务。2015年国务院颁布了《中国足球改革发展总体方案》，对足球改革发展作了顶层设计和详细安排，足球又一次成为中国体育改革的"先锋"，中国足球也迎来中华人民共和国成立以来最好的发展机遇期。

5.1.3 人才培养特征分析

5.1.3.1 起步与初创阶段的人才培养特征

中华人民共和国成立初期，中国足球发展水平很低，足球后备人才严重缺乏，为了迅速提高足球水平、培养足球人才，当时主要参考了苏联模式，构建了足球的三级训练体系，在最基础部分建立了基层代表队、基层训练点和体育传统项目学校，在中间层次主要依托业余体校、体育运动学校和体育中学，最上层为国家队、解放军代表队和各省市体工队。在足球专业人才培养方面，从1953年开始陆续在全国各体育学院设置了足球普修课程班、专修课程班、专项课程班以及足球进修班等，同时还聘请苏联足球专家来华培养足球硕士研究生，派遣有潜质的青年球员赴国外学习足球。这些举措对早期的中国足球教学、训练和科研事业的发展起到了很大促进作用。

5.1.3.2 恢复与探索阶段的人才培养特征

这一阶段的培养方式主要还是沿袭了苏联模式，但在此基础上慢慢形成了以国家体委和中国足协为核心的组织领导体系，同时也在探索一些足球后备人才培养的新措施。如确定了全国16个城市为足球重点发展城市，利用师范院校培养足球专业师资力量，在足球传统中小学校开展足球运动，举办全国、省市地、县区（萌芽杯、幼苗杯、希望杯等）足球竞赛，形成由县区体校、市地体校、市体工队、省体校、省体工队，国家队在内的多层次选拔与培养机制。在"举国体制"思想的指导下，快速建立了规模巨大的足球后备人才培养体系，但是后来受"金牌战略"的影响，中国青少年足球后备人才培养有所萎缩、一度陷入低谷。

5.1.3.3 职业化发展阶段的人才培养特征

20世纪90年代，在市场经济体制改革的影响下，传统的足球后备人才培养方式受到巨大冲击。1992年红山口会议的召开，带动了足球后备人才培养的发展，开始从根本上改变过去仅靠国家财政拨款支持的状况，初步形成由国家和市场共同主导的培养模式。

在政府和协会方面，由国家体育总局和中国足协进行宏观管理，传统学校（即传统足球项目中小学，这类学校由教育部门和体育部门共同创办，注重在训学生的运动训练和文化课学习）和校园足球布局定点学校（即教育部门创办的校园足球定点学校）实施基础培养，建立小学、初中、高中、大学四级足球联赛，并通过选拔产生后备人才；通过各省、市、县、区的比赛和层层选拔，为各省市、地方体工队提供高水平足球运动员，最后选拔进入职业队和国家队。而未被选入的学生和运动员则只有继续学习或下放到次级体工队。

在企业和市场方面，也开始形成了以俱乐部为主体的多种形式的足球后备人才培养机制。在职业化阶段前期，由企业、个人出资操办的业余足球学校、足球培训班大量出现。与传统学校不同，这类学校主要以营利为目的，强调足球训练而不注重文化课学习，虽然为各级体校、体工队提供了一些足球后备人才，但急功近利的思想使得足球培养水平良莠不齐，到了职业化阶段后期，这类学校基本消失殆尽。另外，职业俱乐部和地方学校创建了"俱乐部网点学校、俱乐部球队挂靠学校培养—选拔—进入职业足球俱乐部后备梯队"的培养方式，但由于存在学训矛盾突出和升学路径艰难的问题，在职业化阶段后期，这种培养方式也基本消失了。

随着《中国足球改革发展总体方案》的出台，校园足球不断深化和发展，挂靠中小学校的青少年业余足球培训班不断增多，形成了"校园足球、业余足球培训班—地方县区足球代表队—省市体工队—职业俱乐部球队—国家代表队"层层选拔和培养的多元化足球后备人才培养模式。

5.1.4 新型足球学校的内涵辨析

足球学校在中国并非新鲜事物，最早的传统项目学校和业余体校便属于此类，只不过没有冠以××足球学校的名称而已。到了20世纪90年代中后期，以中国足球学校（秦皇岛）为代表的各类足球学校大量涌现，并在短短的十余年间由盛而衰，直至绝大多数消失了。2004年中甲联赛更名为中超联赛后，成为中超俱乐部的必要条件之一就是"有自己的青少年培养基地"，于是产生了如鲁能足校等依托职业足球俱乐部的足球学校。最近关于新型足球学校的提法始见于恒大集团董事局主席许家印，他在2014年全国两会提案中建议在全国各地举办"新型足校"，并将"新型足校"释义为文化教育和足球专业培养并重的学校，强调足球专业培养要建立在完整系统的小学、中学文化教育基础之上。恒大足球学校校长刘江南也曾撰文，就创办新型足球学校进行了理论阐述。另外，从国家政策中也能找到相关概念的说明，在教育部与国家体育总局联合颁布的《少年儿童体育学校管理办法》（2011）中明确规定，"少年儿童体育学校是指九年义务教育阶段培养少年儿童体育专项运动技能的体育特色学校"，足球学校就包含其中。

在充分考虑已有关于足球学校的理论成果和国家相关法律法规的基础上，本研究紧密结合当前中国足球改革发展环境等各项因素，将新型足球学校作为一个整体概念使用。从时间界定上看，"新型"是以中国校园足球开展以来，特别是《中国足球改革发展总体方案》实施为时代背景的。从内涵上看，新型足球学校不仅局限于恒大足校、鲁能足校、绿城足校等，还应该包括青少年校园足球特色学校和各类开展足球青训业务的足球类公司企业。这是因为，中国足球的发展进步，只依靠为数不多的、专业性较强的、挂靠职业俱乐部的足球学校远远不够。必须充分认识到，数以万计的青少年校园足球特色学校在中国青少年足球后备人才培养中具有天然的优势和地位，其庞大的学生基础和资源配置能力是任何一个其他类型的足球学校都无法比拟的。

基于以上认知，本研究认为，新型足球学校指的是"坚持国家体育和教育方针政策，为促进我国足球事业的发展，经县级以上教育及体育行政部门批准，由社会力量主办，以培养足球专业人才为主要目的，在学习文化知识的同时，学习足球理论知识、进行足球专业技能训练的公办、民办的学校"。在这里特别需要指出的是，由于办学主体和办学模式的不同，新型足球学校可分为教育部门主导型、企业主导型和协会主导型等不同类型，各青少年校园足球特色学校是新型足球学校的主体和基础，企业和行业主办的足球学校应属于足球青少年后备人才培养中的精英层次。

5.1.5 新型足球学校的分类与现状

5.1.5.1 依托教育部门的青少年校园足球特色学校

中小学生是足球后备人才培养的最佳对象，全国各普通中小学具有开展青少年足球后备人才培养的天然优势。进入21世纪后，青少年校园足球日益受到国家的重视，将其视为"夯实足球人才根基、提高足球发展水平和成就中国足球梦想的基础工程"。在2015年颁布实施的《教育部等6部门关于加快发展青少年校园足球的实施意见》中，指出当前全国有五千多所中小学校园足球特色学校，到2020年要达到2万所、到2025年要达到5万所。可以预见，在未来中国足球后备人才培养的格局中，依托教育部门的青少年校园足球特色学校将发挥重要的基础性作用。

第一，全国各级地方政府，特别是省级政府都在加大对校园足球的支持力度，"四层四级"的联赛制度基本形成。以四川为例，2016年全省投入校园足球经费1.7亿元，有440万名学生（约占四川全省学生总数的50%）参加了班级、年级和校级足球比赛，其中，有56万余名学生参加了县级以上比赛。作为全国足球工作试点省区，内蒙古在校园足球方面的投入更大，2015年内蒙古区级财政累计下达校园足球专项资金10.3亿元，其中包括为全自治区613所全国青少年校园足球特色学校每年安排的100万元投入，率先成立了校园足球领导小组、完成了四级联赛赛事、落实了校园足球专项经费等，搭建了管理体系、政策体系等九个联动工作系统。

第二，地方校园足球创新不断涌现，青少年足球特色学校内涵日益丰富。河南省郑州市金水区在建设全国校园足球示范区的过程中，坚持以让学生享受足球乐趣为导向，开展足球技能普及推广，严格按照体育课程与健康课程的双重标准，自主开发设计足球课程，注意加强师资队伍建设和场地器材保障，通过坚持校本化实施、制度化推进、品牌化引领，将该区特色的大课间打造成为校园足球活动的名片。该区的农科路小学是足球传统项目学校，该校足球队在全国、省、市的比赛中取得优异成绩的同时，还完成了向省队输送优秀足球后备人才的任务。同为全国校园足球特色示范校的四川省成都市青羊实验中学附属小学，建有一整套完整的足球管理办法，校长担任校园足球领导小组的第一责任人，足球教学、训练、竞技技术委员会由骨干足球教师组成，还建立了以班主任、家长为核心的校园足球管理委员会。全校学生1877人，参加足球比赛的有1100人，每个班级都有足球队，实现了全年级覆盖。另设有3支校级男足训练队，并对应建立了运动员档案，校队高年级主力10～15名均可升入成都有足球招生的特色初中，有3名队员输送到恒大足球学校。

第三，校园足球开展中的现实问题。首先，从国家和省级层面来看，目前对校园足球的财政投入力度非常大，但拨款平均落实到每个具体学校上则相对较少。这种情况下，校园足球的普及工作要求勉强能够达到，但效果就值得商榷。其次，校园足球师资的数量还严重不足，教师的足球专业教学水平也还不高，即便是参加了国培、省培项目后，对于许多原来没有足球基础的体育老师来说，新的足球理念和方法还仅停留在概念上，无法有效在实践中展开。同时，广大学科教师还没有有效参与到以足球为载体的育人活动中来。再次，校园足球在开展过程中存在着小学阶段"热火朝天"，初中阶段"不温不火"，高中阶段"物以稀为贵"的现象。受现行高考制度的影响，学校和家长愿意让小孩在小学阶段参与足球活动，但随着年级的提升，除了体育课外，很多人都不愿意花时间和精力在足球等与"高考无关"的事情上来。最后，校园足球作为中国青少年足球后备人才培养的根基，自然肩负着选拔优秀足球运动人才的使命，但纵观现行的校园足球联赛制度，存在形式大于内容的情况。一场联赛集中在一两个月打完，全程由学校带队参与，并没有完全实现兴趣引导、利用周末时间、家庭参与的理想状态。这些问题，都急需得到根本性的改变。

5.1.5.2 依托企业的足球学校和足球培训机构

从字面上理解,依托企业,特别是职业俱乐部创建的足球学校更加符合新型足球学校的概念,但由于这类足球学校数量实在有限,对于整个青少年足球后备人才培养来说只能起到"画龙点睛"的作用,是足球青少年后备人才培养体系中的精英层次。恒大集团旗下的恒大足校便是其中的佼佼者,从2011年筹建恒大足球学校开始,在校学生规模已达2800人,在实践中积累了许多值得借鉴的经验。

第一,坚持基础教育与足球培训相结合的办学理念。恒大足校创办以来与人大附中等中国基础教育名校进行合作,合作单位委派各学科专家团队负责教育教学工作,按国家基础教育相关要求,每周安排35节文化课,晚上安排文化课自习辅导,确保学生有充足的文化课学习时间,全面提升恒大足球学校的教育教学水平。恒大各梯队18岁以下的青少年足球人才的文化由恒大足球学校负责,至少达到高中毕业水平。同时还开展如绘画、书法、钢琴、围棋、象棋、跆拳道、舞蹈等兴趣课程,丰富学生的课余生活。

第二,坚持科学化训练和竞赛相结合的办学措施。由西班牙皇家马德里足球俱乐部委派技术总监及世界顶级优秀教练员负责技术训练,按照皇家马德里俱乐部标准建立学员选拔体系、训练体系、竞赛体系和考评体系。每周一至周五按皇家马德里青训大纲进行四次足球训练,其中小学每次训练1小时,中学每次1.5小时,每周参加一次高水平足球比赛。在其余的时间里,必须确保学生有充足的文化课学习时间,每天文化学习与足球训练的时间占比为8∶2。充足的文化学习时间,既打消了学生家长的担忧,同时让学生不出国门就能直接接受世界级足球训练。

第三,坚持足球学校和俱乐部梯队建设相结合。恒大形成了足校、各级梯队以及一线队伍的"一条龙"晋升机制,明确规定了各级梯队的选拔办法,确保每年由足球学校向各梯队输送至少40名球员,并成立足球人才交流中心,对未能进入恒大一线队伍和梯队序列的球员与其他俱乐部进行交流,为青少年足球后备人才成长奠定了十分坚实的基础。

与此同时,在中国足球改革发展的过程中,另外一种具有企业性质的足球培训机构的作用也日益凸显,虽然他们没有成立专门的足球学校,但在足球青训方面，也做出了积极有益的贡献。以动吧斯博体育文化（北京）有限公司为例，该企业从2015年末开始，多次承接教育部国培项目，培训全国中小学体育老师近3万余人，在2200多所学校开展了足球培训，有超过30万名青少年体验了动吧足球课，全国加盟动吧的青少年俱乐部成员达到270个，利用企业自身资源，积极引入荷兰、德国、西班牙等足球发达国家的优秀青训专家参与国内青训工作。

上述足球学校和公司企业，在不断发展自身的同时，也客观地推动了中国青少年足球后备人才培养工作，在其发展过程中，政府需要提供必要的政策支持和行业监管，同时要充分考虑青少年足球事业发展的整体利益，特别是要注意在长远发展规划上不要受短期利益的影响，从而形成政府、企业良性发展的双赢局面。

5.1.5.3 依托行业协会的共建足球学校

在当前中国足球改革发展进程中，各级足球协会面临的改革任务最重，如何在新的形势下找准自身的定位，为青少年足球后备人才培养贡献力量也是一个不容回避的现实问题。本研究选取中国足球试点城市的成都市足球协会为案例，对其经验和做法进行审视和分析。

成都市足球协会有专职干部职工20余人，设有主席团、竞训部、宣传部、财务部、技术部、综合部等部门。从20世纪90年代开始，成都市足协就开始探索自负盈亏的协会发展模式，在长期工作实践中，拥有多项政府购买服务，包括举办中国足协支持的各类足球培训班，教练员、裁判员及校园足球指导员培训业务，主办有众多赛事和自创品牌足球赛事，有自己的足球体育场地。多年来，通过和多所大中小学展开密切合作，通过场地器材捐赠、技术人力支持等方式，积极探索青少年足球后备人才新途径，2009年至2017年，成都足协培养的优秀运动员有55人进入高等院校，分别输送了51名、155人次赴法国梅斯俱乐部等进行长期和短期培训，向国家队输送3人、向国奥队输送2人。

2005年与成都市棠湖外国语学校展开合作，帮助该校创办男子足球班，并在此基础上组建了校男子足球队。有效利用棠湖外国语学校在文化学习、思想教育、日常管理等方面的优势，充分发挥足协在专业培养方面的优势，通过整合双方优质资源，探索了"优势互补、体教结合"的新的足球教育模式，培育德、智、体全面发展的高水平、高素质的青少年足球运动员。双方合作十年来，所联合培养的学生中，有4人入选国奥队，7人入选国家青年队，25人赴法国梅斯等足球俱乐部培训；7人获得健将级运动员、108人获得一级运动员、138人获得二级运动员称号；8次获市中学生比赛冠军，7次获省中学生比赛冠军。

这种依托地方足球协会，联合地方学校开展青少年足球后备人才培养的方式，有助于各级足球协会充分发挥技术力量的优势，有助于在协会改革中进一步明确自身的职能定位，同时最有效地整合了足球资源，充分体现了足球协会的行业价值。

5.1.6 新型足球学校的发展对策

5.1.6.1 树立青少年足球后备人才培养的可持续发展观

在新时期里，必须改变传统竞技体育后备人才培养目标，贯彻"以人为本"的培养理念，培养全面发展的青少年足球人才，从单一的向竞技体育输送后备人才转向以人的健康成长及全面发展为目标。调整政府体育行政部门职能，提升足球运动在培养健康、全面发展的青少年中的作用，更加关注青少年的健康及全面发展。可以判断，在中国经济社会的持续发展下，青少年参与业余训练的兴趣爱好动机和升学加分动机等目标将会凸显，应加快推进制度创新，努力将其融入正常的教育渠道，提升青少年足球后备人才培养的综合素质。

5.1.6.2 将青少年足球后备人才培养纳入政府考核体系

青少年足球后备人才培养的对象集中在教育系统，各级足球特色学校也归属教育行政部门，由于体教双方在发展校园足球利益诉求的差异，需要引起各级政府对这一问题的重视，重视则能快速推进，轻视则仍在低谷徘徊。要想通过校园足球这一途径来实现后备人才甚至是精英人才的培养，必须让各级政府清晰明确地将其列入工作考核指标体系，作为地方足球改革发展领导小组的一个重要的工作内容。

5.1.6.3 强化校园足球赛事体系建设

加快健全覆盖小学、中学、大学各个学习阶段的发展体系，不断完善校园足球竞赛体系，引导设立"校长杯"等品牌赛事；加大校园足球专项扶持资金投入力度，注重向老少边穷地区倾斜；开展"专业足球进校园"行动，不仅要支持和鼓励专业教练员、运动员做校园足球兼职教师，还要让专业足球队进校园，通过打比赛等方式，促进校园足球水平快速提高；支持学校向各级足协购买足球教师、足球辅导员服务，鼓励有条件的学校自主成立或与企业共建青少年足球俱乐部；建立完善校园足球发展的配套服务体系，做好校园足球保险工作，开展学生足球运动技能等级测试，加快建立足球特长生"升学直通车"制度。

5.1.6.4 抓好青少年足球精英人才培养的层级衔接工作

完善校园足球普及功能与后备人才选拔的衔接环节，因地制宜，加快成立类似广州恒大、山东鲁能、绿城等依托职业俱乐部的专业足球学校，将这些专业足校学校作为中心，构建起涵盖青少年校园足球特色学校、体育传统项目学校等在内的放射性网状培养体系，从而确保"精英级"的青少年足球运动员能够被及时发现，搭建让球员从青少年校园足球向职业足球转变的桥梁，最终实现足球从全民体育到精英体育转变的全过程。同时，要着重从校园足球层面建立青少年足球后备人才信息数据库，实现对全国各地区有潜力的青少年球员进行数据跟踪和掌握，并不断促使学校与俱乐部建立联系，以获得更多高水平的训练支持。

5.1.6.5 强化体制机制及政策保障

一是要加快体制机制创新，健全各级足球协会，特别是在与体育行政部门脱钩后，进一步明确行业协会在青少年足球人才培养中的作用，政府部门要建立向行业协会定向购买青少年足球训练、竞赛及综合保障等机制。二是要不断完善政策供给。鼓励设立政府引导、社会资本参与的青少年足球发展基金，住建、规划、国土、税务、金融等部门要加大对青少年足球发展的支持。三是要大力培养青少年足球从业队伍，选派教练员、裁判员、教师到足球发达国家、地区交流学习，加大与国外优秀俱乐部在青训培养方面的合作力度。研究制定退役运动员转岗足球教师或兼职足球教师的支持措施。

5.2 东西部地区竞技体育后备人才培养的比较研究

5.2.1 东部地区竞技体育后备人才培养现状

东部沿海城市是中国经济最发达的城市,本研究在东部沿海发达省市中,选取了上海、江苏、浙江等省(市)作为参照对象。三省(市)的经济综合竞争力分别排名全国1、4、5位,是我国经济最为发达的省(市)之一。同时,从三省(市)近5届全运会成绩(金牌数)排名可以看出(表5-1),三省(市)体育发展在全国来说均属前列,其发展经验有很好的借鉴作用。

表5-1 上海、江苏、浙江近5届全运会成绩(金牌数)排名表

省市	第八届	第九届	第十届	第十一届	第十二届
上海	4	4	7	5	4
江苏	5	5	1	2	5
浙江	9	9	6	11	6

5.2.1.1 开展的主要形式

市队县区办。以江苏省南京市的羽毛球项目为例,该项目由南京下关区体校承担组建任务。南京市体育局给予下关区体校56名人员编制经费用于开展羽毛球训练,运动员人员经费8160元/人/年;教练员补贴4320元/人/年,市体育局每年给区体育局70万元经费补助(分配比例为4:4:2,其中的"4"用于平时教练补贴;"4"由学校用于开展训练;"2"用于省运会的奖励)。除此之外,还下拨网点人员经费2000元/人,主要用于联办校和布点校羽毛球训练的开展。

体育局自办体育运动学校。如江苏省无锡市体育运动学校、浙江省杭州市体育运动学校、上海市体育运动学校(文化课教师、教练的编制都在体育局)。这种模式的在校学生大多采用"三集中",也有部分采取"二集中"。如南京市、无锡市、杭州市体育运动学校均办有从幼儿园、小学、初中、高中、大专的一条龙文化学习班。而南京市、无锡市的文化教师都是由教育部门

委派，编制在教育局，杭州市体校教师占体育局编制，很好地解决了梯队衔接的问题。

到重点中学借读。主要是借读在市级以上的体育传统项目学校，上午上课，下午回体校进行训练。训练时间一般在每天下午的2：30～5：30。

体校与普通中、小学联办。主要指从小学到高中阶段都联合办的方式。学生文化学习由隶属于教育局系统的普通中、小学负责，训练则由体育局下属的业余体校负责。

体校教练直接进入校园指导体校学生训练。此种方式的前提是学校有良好的体育设施、设备。主要有两种情况，一种是体育局与学校联系沟通较好，学生训练时间能基本保证，容易出成绩；另一种是与学校联系沟通较差，很多学校的训练时间会打折扣，从而难以保证训练质量。

5.2.1.2 主要措施

调整政策目标，保障资金投入。早在2003年江苏省政府就出台了"加快发展竞技体育的实施意见"，对于业余训练给予充分的重视。多年来，江苏省按照"省有重点、市有优势、县有特色、校有传统"和"选好苗子、打好基础、系统训练、积极提高"的要求，重点加强了青少年体育俱乐部、体育传统项目学校、高水平体育后备人才基地、县业余体校和省市级体育运动学校建设，建立起了覆盖县市省三级的逐级选拔、层层输送的业余训练梯队网络。同时，在激励政策上实施了"省运会突出输送、奥运1枚金牌带省运会4枚金牌"的做法。另外，还对国家青少年体育俱乐部的人才培养实行星级培养标准。一星要辐射周边学校青少年参与活动，二星项目开展齐备，有一定经济效益，三星要承担重点班任务，完成比赛，四星是有向优秀运动队的输送，五星是要有输送的运动员在国家队。在业训经费方面，得到了较好的保障。据了解，江苏省青少年管理中心每年用于业训的经费就有4000万元。而南京市业校重点班学生开展业训人员经费达到8160元/人/年。

体、教结合力度不断加强。近年来，江苏省体育和教育部门建立了密切的联席工作制度，本着双方优势互补、精诚配合、资源共享的指导思想，创新优秀竞技体育人才培养方式，着力构建小、中、大学层层衔接的培养体系。将确保体育课教学和课外活动作为最低标准，在此基础上鼓励各级学校大力开展多种形式的课余体育训练,以便第一时间挖掘出体育苗子进行重点培养。鼓励有条件的高校选择适当的项目试办一线运动队,鼓励有条件的中小学积极试办二线运动队和创办体育特色学校,努力培养高层次体育人才。此外,江苏省还十分重视体育学科建设对竞技体育后备人才培养工作的促进作用,同时也以建设高水平运动队来推动高等学校的体育学科发展。早在2007年江苏省就颁布实施了《关于做好江苏省2008年普通高等学校招收高水平运动员工作的通知》(苏教考〔2007〕14号),将高水平运动员上高校的问题正规化,标准化;同时,在全省运动竞赛计划中增设高校开展的竞赛项目,增强了高校竞技的参与性。

后备人才培养渠道拓宽,实施"四大工程"。注重后备人才培养渠道与拓宽,鼓励社会力量和个人积极参与体育后备人才培养工作,已成为东部省份业余训练的重要举措。如上海市曹燕华乒乓球俱乐部、李国君排球俱乐部等,都是非政府后备人才培养形式。这种社会参与的方式,不仅可以在传统培养体系外增加了新的后备培养人才"流水线",提高竞技体育后备人才的总量,而且和传统业余体校共同形成办学的竞争机制,发挥市场机制在资源配置上的决定性作用。

江苏省在大力抓好体育后备人才方面实施了"四大工程":抓市、省、国家三级高水平体育后备人才基地建设工程。星级体校创建工程(一星到五星),重点抓县级体校,县级体校主要抓硬件,并将体校场馆建设纳入场馆补助标准。要求凡争创体育强市、体育强县的市县,必须有四星体校和三星体校。人才培养工程("2.2.2工程"),全省保持业训的人数2万人,重点培养的运动员2000人,向专业队输送200人。为确保质量,这些运动员都将纳入人才库。教练员培养工程,对全省教练员进行培训,分类指导(如体能、心理等),对全省10000名体育老师进行培训,主要增加课余训练水平、增加选材面。举办培训的费用由省体育局出500万元、省教育厅出200万元,受训单位教师只承担交通费等。

训练管理措施得当,严格日常管理制度。东部三省(市)在业训工作中非常重视日常训练管理,狠抓教练、运动员出勤率,确保充分的训练时间,严格要求教练按训练计划执行,一周的训练计划均上墙展出(无论是在省级训练单位还是市级、区级均是如此),这样有利于各方监督,训练落实。如南京市体育局要求县级体校必须做到"四个统一":统一训练常规管理制度;所有教练员教案统一格式；运动员人才库统一标准；激励机制配套统一，省奖励多少，市再给予同等数额的奖励。还对受聘教练采取了"在一届省运会内无金牌；连续两届没有向优秀运动队输送的给予下岗学习的处理"的目标激励措施。

同时，还严格业校生进、退队制度。凡进入业校的学生必须经过体科所的选材测试，给出评价建议，提高了选材效率，避免了经验选材造成的人才资源浪费。江苏省无锡市业余体校在抓业校日常管理中，重视教练员的技能研讨与经验总结，每周组织教练员1次例会，研讨教学中存在的问题，提高学习技能。另外，南京市、无锡市、杭州市体育运动学校都将后勤工作外包，减轻了学校的负担，一心一意搞训练。

5.2.1.3 存在问题

选材难，输送难。由于各级传统体校办校质量差，场馆设施落后，从业人员经费难以保障等原因，浙江业训开展最好的时候全省有97所业余体校，在训运动员15800人，目前已经萎缩到54所，在训运动员10000人。

出路问题影响业训发展。优秀运动队运动员退役后的就业难、升学难，严重影响了业余训练，影响竞技体育人才培养的持续发展。由于人事制度改革，优秀运动员的选拔一律实行聘任制，一改过去优秀运动员进队即报调、退役即安排就业的情况，体制优势已丧失。现在运动员退役后面临着再就业或学习，而由于运动员进队年龄小，文化程度不高，退役后就业难就学难问题层出不穷。因此，由于运动员出路问题，直接影响了业训的发展。

县级业余体校亟待加强和恢复。由于县级体育行政部门在机构精简中被合并，体育工作开展能力被削弱，县级业余体校的业训发展受到极大限制。

"体、教结合"推进力度仍需加强。特别是需要得到政府的政策支持，体、教结合的落实缺乏监督机制。

5.2.2 西部地区竞技体育后备人才培养现状

西部地区经济发展较东部沿海地区相对落后，本研究选择了陕西和甘肃两省作为参照对象。陕西和甘肃的经济综合竞争力分别排名全国21、30位，其中甘肃较为落后，甘肃省全运会成绩（金牌数）排名与陕西省全运会成绩（金牌数）排名曾一度较为接近（表5-2），但后面差距逐渐拉大。

表5-2 陕西、甘肃近5届全运会成绩（金牌数）排名表

省	第八届	第九届	第十届	第十一届	第十二届
陕西	17	17	22	18	16
甘肃	24	24	23	30	29

5.2.2.1 陕西省竞技体育后备人才培养的基本情况

学校数量。陕西省共有市级体校10所，县级体校46所，国家级体育传统项目示范学校4所，省级体育传统项目示范学校80所，国家级高水平后备人才基地6所，省级高水平后备人才基地10所，国家级青少年体育俱乐部78所（图5-1）。

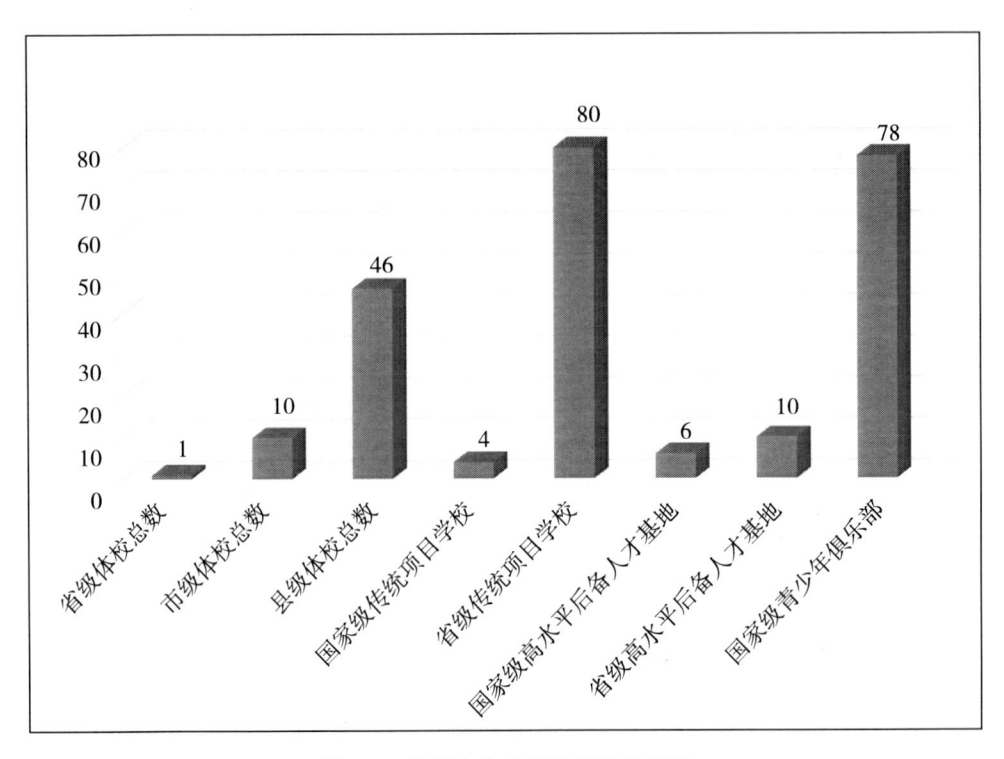

图5-1 陕西省业余训练规模示意图

项目布局。陕西省业余训练体育局自办项目共8个，分别为游泳、武术、田径、重竞技、体操（含艺术体操）、水上（赛艇、皮划艇）、足球（男、女）及射击射箭。与社会联办项目共3个，分别为足球、篮球和乒乓球。

后备人才规模。陕西省省级业余训练在训运动员人数仅475人。在当前形势下，陕西省业训招生也遇到了困难，尤其是县市体校生源不太好。综合来看，有两方面原因，一是社会原因，受体制制约，体、教结合不够，体校学生文化课学习保证难，文化学习跟不上，而大部分家长都希望孩子能够通过高考进大学，因此与进入体校学习成为矛盾；二是自身原因，县市级体校办学条件不好，选拔人才方式陈旧，出路不畅，教练员选到苗子后学生不愿来体校就读。

培养模式。陕西省业余训练后备人才选拔主要由县市一级承担，主要通过举办运动会进行选才。选出的苗子依托于学校进行日常训练。有些体校聘请了文化课老师，学生在校内上午进行文化课学习，下午进行体育训练；大部分体校采用半天在普通中学上文化课，半天到体校进行训练的模式，在普通中学进行文化课学习的体校学生，大部分不计入升学率。由于场地、器材等的制约，加之体育科研人员很少，尤其是县市一级几乎没有科研人员，因此，对于青少年运动员的训练科学化程度并不高。

人才输送。由于"体、教结合"体制不畅、体校办学质量不高等原因，陕西省青少年运动员出路存在着很大的问题。由体育局管辖的业余体校，向省优秀运动队及以上的专业队进行人才输送，输送率约为5%，一部分学生输送给中学和中等职校，剩下的出路就很窄。

经费投入。陕西省经济发展在西北五省来说是最好的，但与东部沿海发达城市依然存在不小差距。陕西省业余训练经费保障采用政府投入和体彩公益金投入相结合的方式。体彩公益金全年一次性拨款投入约300万元人民币。

教练员队伍。为提高教练水平，激励工作热情，陕西省对在岗教练员设置了输送人才奖。对于输送人数、大赛成绩等设定指标，进行评奖，对于表现突出的单位和教练员进行物质和精神上的奖励，极大地激发了教练员的工作热情。同时，陕西省对于教练员的培训工作也十分重视。省体育局和西安体育学院联办多期培训班，并且从外省请来著名专家、科研人员和技术人员授课，对教练员进行集中培训。通常培训历时半个月左右，所有费用（包含食宿）均由体育局承担。或者派高水平教练员定期下基层指导，为基层教练员全面提高各

5.2.2.2 甘肃省竞技体育后备人才培养的基本情况

学校数量。甘肃省后备人才训练单位数省级为10所（含体育局自办体校1所），市州级体育运动学校（中专）9所，业余体校5所，县区级业余体校有40所左右。国家级体育传统项目示范学校6所，省级体育传统项目示范学校110所，国家高水平后备人才基地3所，省级高水平后备人才基地26所，国家级青少年体育俱乐部63所（图5-2）。

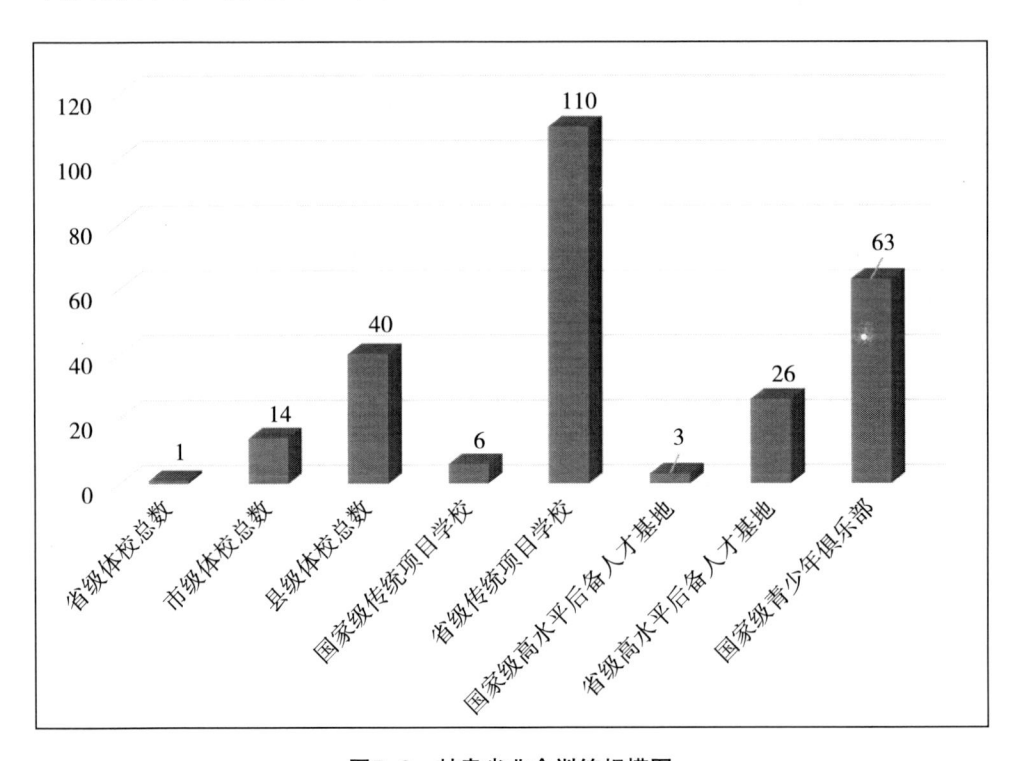

图5-2 甘肃省业余训练规模图

项目布局。目前，甘肃省后备人才训练开展项目共12个，分别为田径、摔跤、柔道、跆拳道、曲棍球、垒球、篮球、足球、排球、武术、射击、乒乓球。

经费投入。甘肃省地理位置偏远，经济发展落后，可用于体育事业发展的经费偏少，分配到后备人才培养这部分的经费就更微不足道，与东部沿海发达城市更不可同日而语。因此，与其他省相比，甘肃省发展后备人才培养的最大问题，无疑是经费问题。甘肃省许多后备人才培养单位场馆、器材等严重不全，破旧不堪，基本建设亟须加强，需要经费的支撑改变现状。

后备人才规模。随着我国社会经济的不断发展，甘肃省后备人才的招生也受到很大影响。目前甘肃省业余训练在训运动员人数，省级约为1000人，市州约为2000人，县区约为1200人。调研中有关部门负责人指出了四点原因，一是独生子女不断增多，而独生子女在家里备受宠爱，学生和家长都不愿选择走体育这条路。二是体育成才之路困难，极低的成才率让国内许多家长望而生畏。三是体育训练非常艰苦，与学生可以选择的其他成长之路相比要付出数倍努力。四是体育就学、就业面窄，出路不好。

培养模式。目前，甘肃省后备人才选材依然主要采用教练依照经验选材的方式，同时，辅以科学的指标测试，做到不浪费资源。体校学生三集中（住、学、训均集中）的只占非常小的一部分；学生大部分采用半天在普通中学读书，半天在体校进行训练的模式，体校学生在普通中学就读，部分中学采取插班制，分散在各个班级；部分中学建立特长班，集中授课。体校学生在普通中学就读，大部分计入升学率，未将体校学生考试计入升学率的学校很少。

输送及成绩。对于青少年运动员出路问题，甘肃省主要通过四个渠道解决。第一个渠道是向省优秀运动队及以上的专业队进行人才输送，输送率为3%～5%；第二个渠道是成绩优秀的运动员，通过特招、推荐，直接上大学（包括普通高校的体育院系和专业体育院校），约占8%；第三个渠道是甘肃省体育局与体育高等院校联办函授，为学生解决学历问题，约占60%；第四个渠道是由各市州地方政府出台政策，在运动会上取得奖牌和好成绩的队员，当地政府为其解决工作。个别优秀运动员退役后对其进行培训，进入中小学成为体育老师。

教练员队伍。甘肃省目前有省级教练员近300人。基层教练员待遇处于一般水平，教练员待遇问题亟待解决。同时，甘肃省对于本省教练员的培养工作十分重视。对于教练员的培训共分为两种，一种是到体育院校进修；另一种是对在岗教练员进行集中岗位培训，培训约100个学时，历时半个月左右，主要以技术培训为主。所有培训费用由体育局负担，受训老师不用承担任何费用。

5.2.3 地区间不均衡发展的思考

中国地区经济发展的不平衡是一种客观存在，由此造成东、西部地区经济和社会发展的不平衡性，这种不平衡性直接影响到东、西部竞技体育后备人才的培养工作。从调研的结果来看，东部发达省份由于有着良好的经济和政策支持，在管理观念上表现为对后备人才培养工作的重视，在政策制定上表现为资金投入有保障、扶持力度大，各种政策性优惠措施到位，竞技体育后备人才培养所需要的场地、设施、待遇、科研力量、高水平教练等方面也均能得到妥善保障。同时，这些地区的省份在精细化管理上也取得了领跑全国的经验，都非常重视训练中的常规管理，能够以规范化、制度化、标准化建设为重点，并且讲究程序化管理，在实践中收到了理想的效果。

反观西部地区，由于受经济发展水平制约的原因，在竞技体育综合实力、奥运会贡献度、全运会竞争力排名等方面均表现出明显差异，这种差异同样向竞技体育后备人才培养环节中传递。思想观念、管理机制、经费数量与来源渠道、场地设施、高水平教练员、退役运动员出路等方面是其矛盾最为突出的环节。其中，由于过度依赖政府财政投入，无法有效吸引社会资源进入竞技体育后备人才培养领域，长期的、低效的政府财政投入已经成为西部等不发达地区所"不能承受之重"。唯一乐观的调查结果是，竞技体育后备人才规模并不受经济发展水平的直接影响，甚至有部分管理者还认为越差的地区生源反而较好。这种观点可以用社会学的视角进行阐释，即在经济社会不断发展的进程中，发达地区竞技体育后备人才数量的减少往往是受地方政府调整发展战略重点和方向的影响，而欠发达地区竞技体育后备人才数量的减少则更多的是由于政府经费投入的不足和人才外流所造成的。

基于以上分析，本研究强调要充分尊重中国区域经济发展水平差异较大的客观现实，要严格按照中国不同地区经济、社会和体育事业发展的实际水平采取相应的策略，特别是要更加注重在西部地区企业组织不发达、社会组织不健全的情况，更好地处理政府和市场在竞技体育后备人才培养中的分工和定位，设计出有针对性地后备人才培养模式，这对建设具有中国特色的体育强国具有非常积极的促进作用。

6 社会化：中国竞技体育后备人才培养模式的新选择

6.1 中国竞技体育后备人才培养社会化的时代要求

6.1.1 "健康中国"带来的国家战略机遇叠加利好

"没有全民健康，就没有全面小康"，健康中国的建设将竞技体育后备人才培养纳入了一个更宽广的发展视野。2015年党的十八届五中全会审议通过了《中共中央关于制定国民经济和社会发展第十三个五年规划的建议》，明确提出将"健康中国"正式上升为国家战略。对此，习近平总书记强调指出，"要倡导健康文明的生活方式，树立大卫生、大健康的观念，把以治病为中心转变为以人民健康为中心，建立健全健康教育体系，提升全民健康素养，推动全民健身和全民健康深度融合"。健康中国作为新的国家战略，是全面建成小康社会、基本实现社会主义现代化的重要基础和健康保障。在"大健康"时代和"大群体"格局下，竞技体育后备人才培养的出发点不应再仅局限于向竞技体育输送优秀青少年运动员，其工作的着眼点更应该与终身体育、快乐体育、健康体育密切关联。也不再单单是只依靠政府体育行政部门来推动，而是应该在国家推动健康中国建设的现实需要，更是竞技体育后备人才培养应有的题中之义。竞技体育后备人才培养的全过程将在体医结合、非医疗健康干预、普及健康生活、健康预防等方面发挥重要作用，健康中国建设也必将为竞技体育后备人才的发展打开更为广阔的空间。

6.1.2 经济新常态下体育产业的融合发展

竞技体育后备人才培养不仅是一种体育与教育的结合过程，同时还具有

"为国谋利"的巨大经济价值。"中国经济新常态"的概念始见于2014年，是习近平总书记在考察河南时首次提出的，他指出"中国目前的经济发展特征适应新常态，应当保持战略上的平常心态"。适应经济新常态就是要瞄准产业结构的调整升级，中国体育产业方兴未艾，以满足竞技体育后备人才培养为需求的商业性青训在带动体育消费方面具有天然的优势，是体育产业发展的强大原动力。《国务院关于印发全民健身计划（2016—2020年）的通知》（国发〔2016〕37号）提出，"充分发挥全民健身对发展体育产业的推动作用，扩大与全民健身相关的体育健身休闲活动、体育竞赛表演活动、体育场馆服务、体育培训与教育、体育用品及相关产品制造和销售等体育产业规模，使健身服务业在体育产业中所占比重不断提高"。要想早日实现"体育产业总规模超过5万亿元，成为推动经济社会持续发展的重要力量"的目标，就必须深入挖掘竞技体育后备人才培养所蕴含的巨大消费需求，在更广阔的范围打造基于青少年体育健身需求的体育服务和产品，这样才能有效带动体育产业的发展，二者的合力可以使体育事业在稳增长、促改革、调结构、惠民生方面发挥更大作用。

6.1.3 全面深化改革，加快体育治理方式转型

2013年11月12日党的第十八届三全会审议通过了《中共中央关于全面深化改革若干重大问题的决定》，强调指出"全面深化改革的总目标是完善和发展中国特色社会主义制度，推进国家治理体系和治理能力现代化"。体育领域的全面深化改革，在"十二五"期间得到了较为充分的体现，全面取消了商业性和群众性体育赛事活动审批，实施了《中国足球改革发展总体方案》，启动以中华全国体育总会为代表的体育社会组织改革，对大型综合性运动会进行了精简压缩。这些已经开启的改革措施是政府体育行政部门的自我完善，政府从体育管理者向治理者转变，管理方式不断向制定政策法规、提供服务、加强监管方面转变，政府职能向侧重全民健身和确保人民群众享有参与体育运动平等权利上转变。在加快体育治理方式转型的过程中，竞技体育后备人才培养在体育行业内部的关注度和号召力在不断增强，其综合价值和社会功能被不断放大，面对国家战略的重大机遇，竞技体育后备人才必须以抓铁有痕、踏石留印的改革魄力，转变长期以来弱势和封闭的管理模式，不断冲破思想观念的束缚，统

筹构建青少年体育公共服务体系，为实现两个一百年目标奠定国民身体素质和健康保障的基础，奏响新的时代乐章。

6.2 中国竞技体育后备人才培养社会化的目标定位和模式构建

6.2.1 目标定位

竞技体育后备人才培养的目标定位决定了人才培养的运作方式，而这种运作方式又决定了竞技体育后备人才的输出方向，以及人才培养的质量标准，是对竞技体育后备人才培养本质特征和内在要求的映射。

6.2.1.1 传统的单一目标定位

在传统的计划经济体制下，竞技体育后备人才的目标定位过于单一化和简单化，向高层级的训练单位输送人才成为竞技体育后备人培养工作的全部内容。究其实质，长期以来奉行的"金牌观"是各级政府体育行政部的内生动力。而半个多世纪的实践也表明，这种目标定位的单一化、固定化，导致所培养的运动员也只能是仅具有单一体育运动技能的"非社会人"。这种定位在20世纪80年代的特殊历史条件下无疑是正确的、有效的。在当时的社会环境中，即便是只掌握了某项单一的体育技能，在计划经济的统一调配下，国家会统包统揽包括训练、生活等一切事务，运动员只需要按照规定动作进行训练和比赛，而无须为日后退役再就业等重大个人利益问题费神。但是随着社会主义市场经济的不断发展，以往依靠计划和国家行政命令来提供退役运动员再就业的制度基础已然不复存在。如果不能满足社会对人才的实际需求，运动员已经无法像过去那样凭借一枚奖牌来解决后续的所有工作和生活问题，这种变化的实质就是制度环境的变化，这导致原来与计划经济模式相适应的、单一体育技能的人才培养目标，早就已经无法满足现代社会对体育人才的各种要求。

6.2.1.2 现代的复合目标定位

在经济体制和政治体制双重改革的作用下，必须主动调整这种已经明显滞后于时代发展需要的目标定位，用现代的、复合的"培养健康全面发展的竞技体育后备人才"的目标定位来替代传统的、单一的"输送优秀青少年运动员"的目标定位。新的目标定位要求竞技体育后备人才培养必须在精细化管理上下功夫，在强化提高青少年运动员体育专项技能的同时，科学设计其人生职业发展规划，充分实现他们对运动技能和就业技能学习的双重需要。在着眼构建青少年基本公共体育服务体系的基础上，统筹兼顾青少年的体育兴趣爱好、身体健康成长等诉求，并最终在这样的培养和教育过程中发现具有运动潜力的竞技体育后备人才。

6.2.1.3 目标定位改变的价值

纵观世界体育强国之所以长盛不衰的根本原因，还是在于其对青少年体育基础性工作的重视，在于有着庞大的竞技体育后备人才基础。在新时期提出中国竞技体育后备人才培养目标定位变革的命题，看似削弱了对竞技体育的直接支持，实则加强了。无论是全民健身上升为国家战略，还是业余训练向青少年体育扩展，再或是体育产业蓬勃发展，都会在很大程度上为传统的竞技体育后备人才培养扩大群众性体育基础。因此，这种变革在本质上反映了"体育大国"向"体育强国"演进的一种战略需要。另外，依据新的目标定位，要利用好中国教育制度的导向作用，做好高等教育层面的高水平运动队建设，充分满足个人和家庭的升学需求，以此吸引更多青少年及其家庭自发投入到竞技体育后备人才培养的过程中来。也唯有如此，才能从根本上解决传统业训中"体教分离"的尴尬现实，解决制约中国竞技体育发展中各层级人才培养的"最后一公里"问题。

6.2.2 模式构建

所谓模式，通常是指"某种事物的标准形式或使人可以照着做的标准样式"。这是一个类属于政治经济学领域的基本概念，在今天的语境下也经常被用于泛指某一事物运行的方式。本研究认为，竞技体育后备人才的模式构建就是指"在实践中为了实现竞技体育后备人才培养的各种预期发展目标，而采取的培养途径和方式"。目前，中国竞技体育后备人才培养可以分类为"体教结合"式、企业主导式和"多元化"式的三种培养模式。

6.2.2.1 "体教结合"模式

这种模式的产生最早源于1987年4月原国家教委颁布的《关于部分普通高等学校试行招收高水平运动员工作的通知》，其后逐渐扩展到竞技体育后备人才的初中级培养环节中。究其实质是通过体育与教育的融合发展，来解决长期以来体育系统封闭办业训所导致的青少年运动员文化缺失问题。这种模式的特点在于有效继承了传统业训体系中的各类资源，政府体育行政部门或教育行政部门仍然扮演着培养主体的角色，通过政府行政资源的统一配置，实现对各级各类的业余体校、体育传统项目学校、青少年体育俱乐部及中小学运动队等的管理，从而完成预定的竞技体育后备人才培养的工作目标。"体教结合"模式主要包括体育部门和教育部门联办模式、走读模式、网点学校模式以及体育部门办学、教育部门负责文化教育的模式。其中走读模式根据集中的程度不同，又分为三种方式。第一种是"一集中"模式，只在体校集中训练，如南京市中山路体育运动学校。第二种是"二集中"模式，在体校集中住宿、集中训练。第三种就是传统的"三集中"模式。

6.2.2.2 企业主导模式

该模式是指由公司类企业组织作为竞技体育后备人才的培养主体，是独立的法人单位。政府体育行政部门通常对其履行行业监督管理的职能，通过制定政策、法规等宏观调控手段来引导行业发展方向。公司类企业组织进入竞技体育后备人才培养领域，主要采用的是各种青少年体育俱乐部、体育培训机构、民办体育学校等方式。同时，在企业主导模式中，家庭和个人扮演着重要角色，既是受训者，也是出资人的角色，这就决定了公司企业必须提供高质量的产品和服务，才能吸引到客户，实现盈利。这种模式对经济发展水平和政府治理能力均有较高的要求，特别是需要相关完善配套的制度设计作为体制保障。目前，"温州模式"是这一类型中比较具有代表性的典型案例。

6.2.2.3 "多元化"模式

该模式的特点在于形成了多元化的培养主体，政府体育行政部门、教育行政部门、体育类公司企业和体育社会组织都是培养主体，共同参与到竞技体育后备人才培养工作中来，政府体育行政部门和教育部门履行宏观调控职能，以政策作为主要的干预手段，进行行业的监管。体育类企业和社会体育组织根据自身定位开展适宜的青少年体育项目。这种模式充分尊重竞技体育后备人才培养的公益属性，同时也不回避其具有的经济属性，应该说这是一种最为理想的模式，但需要政府具有较高的治理水平，要求体育公司和体育社会组织有较强的经营能力，通过充分调动多方力量参与后备人才培养过程中来，形成良性竞争和市场配置资源的格局。

总的来看，三种模式中第一种"体教结合"的模式在现阶段中国竞技体育后备人才培养中使用最广，但需要进行深入的和实质性的探索，解决学训矛盾，努力寻找适合"世情、国情、体情"的竞技体育后备人才培养新路。第二种"企业主导"模式在经济发展水平高的东部沿海地区较为常见，在项目上特别适用于市场化程度高的体育项目，如网球、羽毛球、篮球、游泳等。第三种"多元化"模式对各主体的要求均较高，特别现阶段完全依靠企业和社会体育组织的力量还不足以实现竞技体育后备人才在高水平竞赛中的任务和目标，但该模式将是中国竞技体育后备人才培养未来发展的一个重要方向。

6.3 中国竞技体育后备人才培养社会化的路径选择

6.3.1 愿景与使命

竞技体育后备人才是国家体育事业发展宏观层次上的战略组成部分，是以国家中心体育工作为依据，以全体青少年为服务对象，以培养后备人才、增强青少年体质、普及体育运动、促进健康水平为根本目标。

政府应是竞技体育后备人才培养制度顶层设计的主体。竞技体育后备人才培养属于青少年体育的范畴，其本身具有一定的公共产品属性，是政府体育治理职能转变的主要方向。因此，竞技体育后备人才培养改革的顶层设计至关重要，这既是对政府体育治理水平的考验，也是市场机制可能发挥的空间和方向。在涉及全国青少年分享体育快乐、促进身体健康的整体利益面前，政府必须承担起竞技体育后备人才培养制度设计者的角色，在政府主导的总体发展框架下，实行企业、社会、个人等各尽其责、各尽其能、共同参与的发展局面。

新时期新任务要求竞技体育后备人才培养比以往要承载更多的功能、发挥更多的作用，需要紧密围绕国家各项中心任务、主动衔接其他国家战略，以提高青少年身体素质为依托，全面整合提升体育在强健体魄、奋勇拼搏、团队合作、规则意识、产业发展、文化传承等方面的多元功能，在优化组合的基础之上，实现自身利益的最大化，达到"整体大于局部之和"的效果，其意义和功能已经远远超过了原来狭义的竞技体育后备人才培养范畴。

6.3.2 需求与供给

在社会主义市场经济体制下，市场在资源配置过程中起决定性作用，竞技体育后备人才培养也要尊重市场规律，供求关系作为商品经济的基本内容，同样也在竞技体育后备人才培养中起着重要作用。简单地来看，现有的竞技需求和教育需求是竞技体育后备人才培养存在的现实依据。

从需求的角度来看，竞技体育后备人才培养是基于多种需求的合力所导致的。从个体层面来看，人人参与运动，可以强健体魄、扩大社交、提升生活质量，是促进人的全面发展的有效手段。从社会层面来看，体育运动本身倡导的规则意识、团队精神、奋发向上精神对社会文明进步有着重要的推动作用。从国家层面来看，广大青少年身体健康是全面建成小康社会的重要内涵，竞技体育后备人才培养在提高青少年身体素质和健康水平方面有着独特的引领价值和辐射功能。综合各种需求因素不难发现，努力实现竞技体育后备人才培养的社会化，固然是当今时代发展的需要，更是自身为实现中华民族伟大复兴所必须贡献的力量和责任担当。

从供给的角度来看，政府、企业、体育社会组织是竞技体育后备人才培养产品供给的多元主体。其中，政府主要从宏观调控层面，对后备人才发展战略进行设计和规划，颁布实施相关法规政策，对青少年体育健身场地设施建设投入必要财政支持，购买青少年体育中具有公共服务产品属性的部分。企业是竞技体育后备人才服务和产品的生产方，除了一般私人产品意义上的体育场馆服务、体育培训与教育和体育用品及相关产品制造和销售外，政府和体育社会组织所需要的青少年体育公共服务和产品也是企业关注的对象。体育社会组织作为第三部门，在竞技体育后备人才培养的社会化过程中扮演着重要的角色，是公益性后备人才培养活动的主导者，也是弥补当市场失灵、政府失效出现时最有利的供给主体。需要指出的是，在当前竞技体育后备人才社会化发展不均衡的现实面前，政府的主导作用不可或缺，这是确保社会公平与和谐发展的制度保障。

6.3.3 行动策略

6.3.3.1 竞技体育后备人才培养必须认真总结以往发展过程的历史经验

中国的竞技体育后备人才事业有着长期的实践历程，而其发展也都是在当时特定历史条件下的战略部署和引领下进行的。因此，对以往历史演变及其与体育事业各组成部分关系的总结归纳非常重要，可以为新时期竞技体育后备人才培养提供理论依据。从以往经验来看，竞技体育后备人才培养更多的是作为竞技体育的一个组成部分而存在，受国家体育方针政策的影响极大，在奥运战略的制衡和作用下，自身缺少社会化结构化决策过程，在体育行业内部难以获得更多的资源和投入。这也反映出一直以来体育事业发展的一个弊端：政策宣示与实际执行存在不一致，基层政府体育行政部门更容易被"看得到、摸得着"的锦标主义所主导，过于看重金牌效应。

6.3.3.2 竞技体育后备人才培养要主动契合国家其他重大发展战略

为了适应全面深化改革的经济社会发展形势，为了实现"两个一百年"奋斗目标和中华民族伟大复兴的中国梦，竞技体育后备人才培养价值和功能被重新定义，健康中国战略的实施和经济新常态的出现使竞技体育后备人才的作用被放大，成为连接青少年体质健康、激发体育产业原动力的聚焦点。在这种时代背景下，竞技体育后备人才培养的制度设计和实施必须立足国家利益，汇集教育、健康、产业等多重视角来把握，确定"统筹、协同、融合、共赢"的战略原则。

6.3.3.3 注意发挥青少年体育重大项目的导向作用，引导资源配置有效有序进行

竞技体育后备人才培养的实施必须重视青少年体育重大项目的导向作用，这些都为各级政府、企业和体育社会组织提供了具有前瞻性和现实性的参与良机，是保障公共利益、优化资源配置的有效策略。一是要不断推进青少年全民健身重点人群建设，大力普及青少年体育活动，实施"青少年体育振兴计划"，把学生体质健康水平纳入工作考核体系。二是加快建立竞技体育后备人才培养工作与重点项目建设联系，积极发展足球运动和冰雪运动，加大小型、多样化的足球场地供给，倡导举办多样民间足球活动和多层级足球赛事，引导社会力量进入冰雪运动领域，支持建设和改建多功能冰场和雪场，积极培育冰雪设备和运动装备产业。三是统筹青少年体育健身场地设施建设，有效扩大增量资源，建设中小型体育场馆、社区多功能运动场、农村社区综合服务设施。四是丰富业余青训活动和产品供给，激发市场活力，为社会力量参与竞技体育后备人才培养创造更多支持政策，打造具有区域特色、行业特点、影响力大、可持续性强的民间青少年体育品牌赛事活动。

6.3.4 路径选择

6.3.4.1 转变思想观念，推动竞技体育后备人才培养的可持续发展

随着社会的不断进步，在竞技体育后备人才培养过程中贯彻以人为本的思想，彻底解决青少年运动员的文化教育和再就业是关键问题。必须从根本上改变以往只培养单一竞技技能的目标定位，将竞技体育后备人才培养的基本出发点定位在实现青少年的全面发展上来，将实现青少年体育可持续发展作为政府体育行政部门的重要职责。在努力实现青少年的健康成长及全面发展的竞技体育后备人才培养过程中，通过不断扩大青少年参与体育的范围和基础，最终实现竞技目标的达成。

6.3.4.2 突破"体教结合"瓶颈，竞技体育后备人才培养全面回归教育

体育本身就是教育的一种手段和形式，是教育的一个重要组成部分。人为

地将竞技体育后备人才培养相对独立于正常的教育过程之外，严重滞后于社会发展的需要，要破解传统仅仅重视单一竞技技能的人才培养模式，就必须充分整合体育行政部门和教育行政部门的优势资源，通过体教结合、学训结合的方式，在积极输送高水平后备人才的同时，紧密对接社会人才需求，努力实现竞技体育后备人才培养向教育系统的回归，充分认识到教育是竞技体育后备人才全面发展的根本所在。

6.3.4.3 改革管理体制，构建政府、社会、企业及个人多元化培养主体

体育行业要积极探索敞开心胸办体育的发展新思路，政府体育行政部门要对照党的十八大以来对政府治理提出的各项新要求，在竞技体育后备人才培养中不断改革管理体制，强化宏观调控职能，降低政府在青训中的直接投资和干预行为，鼓励支持社会投资、企业投资和个人出资，吸引更多的社会体育组织和企业参与到竞技体育后备人才培养工作中去，并不断调适政府体育行政部门与其他（教育等）部门的利益目标，最终实现各培养主体均衡发展。

6.3.4.4 政府实现由"生产并提供者"向"购买并提供者"的转变

竞技体育后备人才培养目标的多元化，改变了以往单一的业余训练模式，广大青少年参与业余训练的不再只是局限在为了向专业（或职业）运动员方向发展，强健体魄、个人兴趣爱好和升学加分等因素的作用越来越大。作为高水平竞技体育基础部分的后备人才培养也日益超出了公共产品的范围，其私人产品的特征在近些年出现的体育俱乐部、民办体校及企业参与投资等多种模式中表现尤为明显，青少年体育训练已经成为一种商业模式，具备了商品属性。政府需要适时转变角色和服务方式，努力实现由"生产并提供者"向"购买并提供者"的转变。

6.3.4.5 提升训练效益，实现后备人才训练的科学化与系统化

现代竞技体育后备人才培养是一个复杂而系统的过程，比一般人的培养更具挑战性，是一个需要集合体育、教育诸多要素于一身的管理过程。由于后备人才培养不断朝着全面发展、以人为本的方向发展，这就要求各培养主体和单

位比以往更加注重管理的效率，将科学化与系统化贯穿于从选材到训练等每个竞技体育后备人才培养环节中去，用更加科学有效的训练手段和方法提升竞技成绩，用更加具有前瞻性的职业设计提高就业技能。而作为从事竞技体育后备人才培养的教练员和管理者，还要不断更新知识储备，从而掌握全新的、吸引学生兴趣的教学和训练综合能力。

参考文献

[1] 谢琼桓. 守望体坛 [M]. 北京：人民体育出版社，2003：12.

[2] 卢元镇. 中国体育文化忧思录 [M]. 北京：北京体育大学出版社，2006：6.

[3] 钟秉枢，等. 社会转型期我国竞技体育后备人才培养及其可持续发展 [M]. 北京：北京体育大学出版社，2003：49.

[4] 傅砚农，等. 中国体育思想史（现代卷）[M]. 北京：首都师范大学出版社，2008：212.

[5] 梁晓龙，等. 当代中国体育概述 [M]. 苏州：苏州大学出版社，2012：235.

[6] 熊晓正. 我国竞技体育发展模式的研究 [M]. 北京：人民体育出版社，2008：33.

[7] 杨再淮. 竞技体育后备人才培养 [M]. 北京：人民体育出版社，2006：19.

[8] 齐建国，等. 国外中小学教育面面观——日本学校体育与健康教育 [M]. 海南：海南出版社，2000：1.

[9] 国家体委政策研究室. 体育运动文件选编（1949—1981）[M]. 北京：人民体育出版社，1982：17，141.

[10] 国家体育总局干部培训中心. 高水平运动训练与管理研究 [M]. 北京：北京体育大学出版社，2007：189-198.

[11] 体育大国向体育强国迈进的战略研究.体育强国战略研究 [M]. 北京：人民体育出版社，2010：3-4.

[12] D.P.约翰逊. 社会学理论 [M]. 北京：国际文化出版公司，1988：320.

[13] 杨桦，等. 坚持和进一步完善我国竞技体育举国体制的研究 [J]. 北京体育大学学报，2004，5（27）：577-582.

[14] 刘青，等. 体育强国建设进程中的体育体制改革 [M]. 北京：人民体育出版社，2015：40.

[15] 刘鹏.从"东亚病夫"到体育大国——新中国体育60年[J].求是,2009（16）：25-27.

[16] 李浏.中国体育发展方式改革的原因探析与政策建议[J].成都体育学院学报,2013,1（39）：1-7.

[17] 古柏.共和国第三任国家体委主任李梦华访谈录[J].体育文化导刊,1999（6）：14-16.

[18] 卢元镇.以时代精神考量中国竞技体育体制改革[J].体育与科学,2013,1（34）：19-20.

[19] 李相如.中国体育传统项目学校发展现状与管理机制研究[J].体育科学,2006,6（26）：16-27.

[20] 胡小明.从"体教结合"到"分享运动"——探索竞技运动后备人才培养的新路径[J].体育科学,2011,6（31）：5-9.

[21] 叶杨.俄罗斯奥运备战体制的变化及对我们的启示[J].体育科学,2005,12（25）：69-71.

[22] 肖林鹏,等.我国青少年体育俱乐部的监管机制研究[J].山东体育学院学报,2007,4（23）：10-13.

[23] 虞重干,等."体教结合"与高校高水平运动队建设[J].体育科学,2006,6（26）：79-84.

[24] 易剑东.我国体育体制转型的四个关键问题[J].体育学刊,2006,1（13）：8-11.

[25] 侯海波,等.国外竞技体育强国后备人才培养体制及启示[J].上海体育学院学报,2005,4（29）：1-5.

[26] 皮斯特.大众体育——在不同体育体制间的机会和挑战[J].体育学刊,2007（12）：34-38.

[27] 李元伟,等.关于进一步完善我国竞技体育聚过体制的研究[J].中国体育科技,2003,8（39）：1-5.

[28] 郑宇.新时期我国体育体制改革的现实冲突与路径选择[J].成都体育学院学报,2014,8（40）：24-28.